TESORO

Ed Cole

TESORO

PATRONES Y PRINCIPIOS QUE GENERAN LA GRANDEZA

WHITAKER HOUSE
Español

Cursivas y negritas en el texto son énfasis del autor.

Editado por: Ofelia Pérez

Tesoro
Patrones y principios que generan la grandeza

ISBN: 978-1-64123-690-4
Impreso en los Estados Unidos de América

Whitaker House
1030 Hunt Valley Circle
New Kensington, PA 15068
www.espanolwh.com

Por favor, envíe sugerencias sobre este libro a: comentarios@whitakerhouse.com.

1 2 3 4 5 6 7 8 9 10 11 28 27 26 25 24 23 22 21

DEDICATORIA

A mis nietos
Josh, Seth, Lindsay, Brandon
Holland, Bryce y Kendal

CONTENIDO

PRÓLOGO

El antiguo proverbio dice: "*Cuando no hay visión, el pueblo se desvía*" (Proverbios 29:18, RVC). Crear una visión para su vida exige toda su atención. La visión puede ser literal, solo ver el suelo frente a usted. La visión también puede ser metafórica, ver adónde le puede llevar la vida, adónde le llevarán las decisiones o qué podría ser la vida para usted.

En su libro *Tesoro,* Edwin Louis Cole lo ayuda a definir la visión de su vida y a emplear pasos prácticos para lograr esa visión. Este libro le ayuda a ver nuevas posibilidades de cómo puede ser su vida y cómo debería ser. En los primeros capítulos, leerá que lo más poderoso que puede hacer en la vida es crear una imagen. La segunda cosa más poderosa es destruir esa imagen. Los analistas políticos dicen: "Se trata de óptica". Los anunciantes dicen: "La imagen lo es todo".

La visión que usted tiene de su vida es lo que le lleva a un nuevo lugar, a operar en un nuevo nivel, a hacer las cosas de manera diferente. Tener una visión para su vida hace que quede impregnada de un propósito, y esa visión da origen a la acción.

Considere lo que sucede cuando está soñando. Ve imágenes que su mente cree que son reales. Si sueña que alguien lo está persiguiendo, su frecuencia cardíaca aumenta e incluso puede gritar. De la misma manera, cuando tiene una visión de lo que puede ser su vida, todo en su sistema comienza a alinearse y actúa como si esa visión fuera una realidad.

Al capturar una nueva visión, puede ver una salida a una situación actual. Si quiere algo que nunca ha tenido, tiene que hacer algo que nunca ha hecho. Si sigue haciendo lo que siempre ha hecho, seguirá obteniendo lo que siempre ha tenido. Repetir el pasado no creará un nuevo futuro, solo crea más del pasado. Para irse de donde está, debe tener una visión de dónde prefiere estar y luego hacer los cambios necesarios para llegar allí.

Todo comienza con una visión, una imagen del futuro, una imagen de cómo deberían ser las cosas para usted. El Dr. Cole dice: "La decisión se traduce en energía". Obtenga una imagen clara, decida cómo debería ser su vida y luego encontrará que tiene la energía y la motivación para seguirla.

Ahora mismo, comience haciendo la inversión de leer este libro. Le llevará a descubrir uno de los mayores tesoros que una persona pueda encontrar: una visión para su propia vida.

Dale C. Bronner
Fundador y pastor principal
Word of Faith Family Worship Cathedral
Atlanta, Georgia

CAPÍTULO 1

FUNDAMENTOS PARA UNA VIDA GRANDIOSA

John esperaba por compradores potenciales de vivienda en el nuevo remolque de la subdivisión de venta de inmuebles, construido por su compañía. Utilizaba su tiempo libre para aprender principios de negocios y mercadeo que lo ayudarían a vender este moderno proyecto.

Cierta noche, mientras leía un libro, John aprendió un principio sobre el dinero que hasta ahora desconocía. Lo aplicó y su carrera subió vertiginosamente. Alguien que entró en el remolque con la intención de comprar una casa contrató a John para trabajar en una compañía recientemente formada.

John continuó con nuevos giros en su carrera en los siguientes años, mantuvo siempre sus principios y acabó comprando la compañía donde trabajaba. Al basarse en lo que había aprendido, impulsó la productividad, y aseguró un próspero estilo de vida y un gran futuro para su familia.

Todo en la vida se basa en principios. John aprendió de una manera impresionante que si cambiaba su manera de vivir basada en la personalidad, por otra basada en principios, todo cambiaría.

Los principios son verdades básicas, leyes fundamentales del universo, hechos de la naturaleza y unidades primarias de la vida. La "Ley de la Gravedad" es un principio del universo. Isaac Newton descubrió ese principio y cambió la naturaleza de la ciencia física, asegurando su lugar en la historia de la humanidad.

Descubrir los principios es una pasión de toda la vida para las personas que tienen éxito. Las personas que viven por personalidad, preferencia o prejuicio no tienen fundamento sobre el cual construir sus vidas, y terminan fallando. Su fundamento cambia, se mueve, es inseguro. A quienes toman decisiones basadas en su personalidad o preferencia, se les puede convencer de manera fácil para que cambien sus decisiones de un día a otro. Las personas que toman decisiones basadas en prejuicios pueden estar muy equivocadas; se les demuestra su error y aun así permanecen firmes en el camino equivocado, haciendo las cosas equivocadas y en una forma equivocada.

Cuanto más construya su vida sobre principios, más altos serán sus límites, más recto será su camino y mejor será su vida.

ENCONTRAR EL PATRÓN CORRECTO

Todo en la vida está basado en principios y patrones. Los patrones son la manera en que el universo opera. La siembra y la cosecha es un patrón. Las mareas limpian la tierra según un patrón. Los pájaros vuelan al sur, los bebés se desarrollan, las acciones suben y caen, todo según patrones; es natural en el mundo en el que vivimos.

Usted obtiene éxito y prospera cuando basa su vida en los principios y encuentra los patrones que le funcionan.

Gladys emprendió un patrón para la venta de inmuebles, que encajó con su personalidad y con el tiempo que quería invertir en esa actividad. Ella perfeccionó el patrón, lo enseñó a sus tres hijos y se convirtió en una de las veinte profesionales de bienes inmuebles más exitosas en su país. Aún es una de las primeras después de todos estos años, y sigue practicando el mismo patrón.

En su famoso libro *Padre rico, padre pobre*,[1] Robert Kiyosaki identificó los patrones para la crianza de hijos, los mismos que varían entre padres de clase media y baja, y los padres con ingresos superiores. La razón por la que este libro se vendió tanto fue porque enseñó a los padres un patrón que podían seguir. El libro *El millonario de la puerta de al lado*[2]

1. Editorial Aguilar, 31 de octubre de 2017.

2. Thomas J. Stanley y William D. Danko, Obelisco, 31 de enero de 2016.

dejó al descubierto los patrones de la gente rica y los puso a disposición de todos. Descubrir y revelar patrones que funcionen es uno de los objetivos de la gerencia exitosa, corporativa e individual.

El patrón que usted aprende determina la vida que usted vive. Cuanto mejor el patrón, mejor la vida.

LOS LIBROS SON SU MEJOR AMIGO

Lo que usted tiene ahora mismo en sus manos es su más valioso bien, porque contiene patrones y principios que le permitirán prosperar en la totalidad de su vida: en sus finanzas, su familia, carrera y comunidad. Reconozca los patrones, aprenda los principios y prospere.

Un viejo adagio dice que el perro es el mejor amigo del hombre. Está equivocado. Los libros son los mejores amigos de las personas. Incluso, a veces los libros son mejores que las personas, porque los libros hablan sin acento, usando nuestra propia voz. La práctica de leer libros desarrolla el poder de concentración y el pensamiento creativo. Proporciona una mejor comprensión, agudeza mental y placer.

Para aprender la mayoría de los valiosos patrones y principios de la vida, lea lo que otros han descubierto antes que usted. Actualmente ningún científico intenta descubrir la ley básica de la gravedad. La manera en que funciona la gravedad ya está escrita en los libros. Los patrones y principios que lo enriquecerán, están disponibles para usted a través de la lectura.

Leer es una forma de arte, permitiéndole a cada lector ser un artista. La televisión, las redes sociales, las plataformas digitales y los reproductores de audio son grandes adelantos tecnológicos, pero no se comparan con la habilidad de leer. La prensa de Gutenberg es todavía la más grande invención sobre la tierra de los últimos mil años, porque ha permitido la lectura. La mayoría de las personas deja el hábito de la lectura después de salir del colegio; son raras las personas que continúan leyendo y estudiando a través de su vida. La lectura lo convierte a usted en una persona inusual y fuera de lo común. Y la lectura es un agente contra el envejecimiento. *La pérdida del hábito de leer es una ganancia en el reino de la ignorancia.*

El amor por la lectura puede y debe trasmitirse de generación en generación. Escuchar es lo primero que aprendemos en la vida, luego a hablar, la lectura está en tercer lugar y escribir al final. Actualmente, los padres enseñan a sus hijos a escuchar y a hablar, luego confían a sus niños a profesionales, sin embargo, no siempre fue así. En 1644, el estado de Massachusetts, en Estados Unidos, emitió una ley que responsabilizaba a los padres por la enseñanza de la lectura a sus hijos. Era una buena ley. La lectura es lo más barato que un padre puede hacer con una familia; no leer es lo más caro.

Los padres malinterpretan su rol frente a sus hijos cuando dejan la disciplina y la educación del niño a solo uno de los cónyuges o a la escuela. La lectura es el ingrediente de desarrollo del niño, que une más estrecha y cómodamente a padres e hijos.

Muy a menudo, los padres intentan resolver los problemas de sus niños en lugar de leer para ellos y permitir que la verdad cumpla su maravilloso trabajo. Los padres esperan hasta que una crisis o una necesidad en particular aparezca, para hacer el intento de inculcar la solución en el niño. Si ellos simplemente hubieran leído, día a día, los verdaderos principios a sus niños, el trabajo ya se habría hecho y las respuestas ya estarían aprendidas.

La cultura de hoy aboga por lo visual: espectáculos y videos. Esta práctica es culpable del aumento de la ignorancia. Un libro en las manos es un arma contra el malestar cultural de nuestros días.

Solo la verdad puede liberar a las personas, y los libros tienen una expectativa de vida infinita. Las verdades que contienen nunca mueren. La verdad nunca se gasta. La verdad es eterna. Pero la verdad es como el jabón: solo es buena cuando se usa. Actúe de acuerdo con lo que aprende. Un principio puede cambiar su vida, su matrimonio o su carrera a partir de hoy mismo. Por esa razón, yo no hablo medias verdades, sino que le doy patrones y principios rectos, como el chorro de agua que sale de la manguera del bombero.

Una vez escrito el libro, su existencia está en las manos del lector. Los libros no son una cuestión de dólares y centavos, tener tiempo o no tenerlo. Son una cuestión de vida y muerte.

EL PATRÓN DE NIVELES

Los negocios no son cuestión de dinero o juego, sino del nivel de vida en el que usted quiere vivir. Cuanto mejor esté su negocio, mejor será el nivel de vida que alcance. Este es un patrón. *La vida se vive en niveles, a los que se llega en etapas.* En cada etapa usted escoge avanzar o retirarse.

Thomas trabajó muy fuerte para obtener un puesto en el centro telefónico de servicio al cliente de su compañía. Su amigo Jeremy siempre lo fastidiaba durante el almuerzo por ser el mejor en su grupo y servir a más clientes por día que cualquier otro. Thomas soportó el asedio amistoso, apreciando ser admirado. El gerente del supervisor de Thomas notó su asombroso récord de llamadas e hizo una cita para ofrecerle una promoción.

La compañía tenía un centro avanzado de llamadas donde los operadores manejaban grandes volúmenes de clientes. Al principio Thomas aprendió rápidamente, pero durante su segunda semana en el nuevo centro de llamadas, Thomas exteriorizaba su mal humor. Extrañaba el almuerzo con sus amigos y se avergonzaba de ser el peor en su división, en lugar del mejor. Su actitud se volvía más agria a la par que su curva de aprendizaje declinaba. Pronto estuvo de regreso en la oficina del gerente porque su nuevo supervisor se quejó.

"¿No te gusta el centro de llamadas?", preguntó el gerente. "Sabes que la paga es mejor".

"No", dijo Thomas. "No me gusta y no puedo explicarlo".

Tres semanas después de que Thomas regresó a su empleo de menor paga en el centro de atención, el gerente le ofreció a su amigo Jeremy la misma oportunidad.

"No te gustará", dijo Thomas. "Vas a terminar de regreso aquí, como yo".

Jeremy estaba nervioso y escuchó la advertencia, pero quería intentarlo de todas maneras. Tres meses después, Jeremy había dominado un nuevo grupo de habilidades y fue nombrado supervisor de turno.

Thomas y Jeremy determinaron su propio nivel de vida. Thomas se negó a seguir un patrón que lo hacía empezar en la base de un nuevo nivel; prefirió retirarse a una posición en la que él podía ser el rey. Las personas son mutiladas todo el tiempo por este modelo. Tienen como metas sus "días de gloria" como reina del baile de graduación o presidente del equipo de debate de la secundaria, en lugar de empezar de nuevo sobre la base de un nivel superior.

Atravesar las etapas de la vida que nos llevan a nuevos niveles es un patrón a lo largo de toda la existencia, y es ineludible para aquellos que persiguen el éxito. *La única manera de evitar empezar en lo más bajo de un nuevo nivel, es evitando el éxito.*

SU PODER DE ELECCIÓN

El nivel en el que usted vive está bajo su poder de elección. Una vez que usted hace una elección, se convierte en esclavo de lo que eligió. Es una consecuencia del patrón. En el caso de Thomas, una vez que escogió volver a la posición cómoda, se hizo esclavo de su elección, que incluía una menor paga y ninguna oportunidad para avanzar en su carrera. Jeremy también se hizo esclavo de su elección, que incluyó los beneficios de obtener una mejor paga, con el potencial de ganar aún más dinero.

Una autoridad tuvo la oportunidad de ver un video que yo había hecho sobre el poder de elegir, y aplicó lo que había aprendido en su peso y en su carrera. Él miró el pedazo de pizza que estaba a punto de comer esa noche y mis palabras se atravesaron en su mente: "Usted tiene la libertad para escoger, pero una vez que la elección está hecha, se convierte en el esclavo de su elección".

Alzó el pedazo de pizza a la altura de sus ojos y se quedó mirándolo en lugar de ponérselo en la boca. "Pizza, estás bajo el poder de mi elección y me niego a ser tu esclavo", dijo. Luego bajó el trozo de pizza y, en su lugar, se comió un pedazo de fruta. Durante los siguientes días examinó cada artículo que estaba a punto de comer y tomaba una decisión acerca de convertirse o no en el esclavo de ese alimento. Sus hábitos de ingerir alimentos cambiaron mientras ejercitaba su poder de elección. Perdió más de 30 kilos.

Una decisión se traduce en energía. La indecisión debilita la energía. El hombre nunca había sido capaz de hacer una dieta con éxito, pero una vez que tomó una decisión, esta se tradujo en energía que le permitió alcanzar sus metas.

Una mujer se despierta el sábado por la mañana y no puede decidir si ir de compras con su amiga o quedarse en casa y hacer la limpieza. Su indecisión la deja apática, así que bebe su café y lee el periódico, y no consigue terminar con nada. Su indecisión debilitó su energía. *Escoger no decidir es una decisión en sí misma.*

Seth no tenía tiempo para ir a la escuela, y apenas sobrevivía con la cantidad de dinero que ganaba en su trabajo a tiempo completo. El día que lo despidieron de su trabajo tomó la decisión de alcanzar sus sueños; lo que significaba encontrar un nuevo empleo y matricularse en la escuela. Navegó en Internet hasta encontrar la compañía para la que quería trabajar y consiguió un puesto. Luego exploró las escuelas en su área y se matriculó para completar su tiempo libre. Seth pudo terminar sus estudios y a la vez fue promovido varias veces en su trabajo. Su decisión se tradujo en energía, una energía que él nunca supo que tenía hasta que tomó su decisión.

RECONOZCA SU PODER

La vida está compuesta de sus decisiones. Las circunstancias no determinan su nivel de vida. Lo que usted haga con las circunstancias determina el nivel en el que está viviendo.

Nunca me olvidaré de un hombre que despedí hace años por su incumplimiento. La siguiente vez que lo vi, estaba en camino a sus clases de "Cómo aprender a solicitar sus beneficios". Si él hubiera puesto tanto empeño en su trabajo como lo hacía ahora para lograr sus beneficios, todavía estaría trabajando. Tuvo la oportunidad dorada de convertirse en un gerente, pero cedió ante una mentalidad de beneficencia.

Cuando Seth fue despedido, pudo haberse abatido, aceptar el primer trabajo que le ofrecían y quedarse allí, llenando sus horas libres con amigos que tenían menos ambición que él; en cambio, hizo una elección que lo ayudó a componer el resto de su vida.

A lo largo de mi vida he encontrado que cada nuevo nivel exige más de mí de lo que yo quiero dar. Sin embargo, cuando más das, más recibes. En cada etapa yo repito la elección crítica de avanzar en vez de quedarme en una posición relegada. Mi vida ha estado compuesta por las elecciones que hice en cada nueva etapa.

Si no le gusta la vida que está viviendo, cambie sus decisiones. Las decisiones determinan la conducta, el carácter y el destino. Lo único seguro que tiene contra el mañana es la elección que hace hoy.

Seth es mi nieto, y el día más grande de su vida fue cuando comprendió que sus decisiones controlaban su destino. Debido a algunos eventos de su niñez, él había adoptado la creencia de que en la vida las cosas simplemente "pasan", y todo lo que podía hacer era reaccionar frente a lo que sucedía. Finalmente pudo creer que él podía escoger lo que pasaba en su vida.

La suya era la mentalidad de mucha gente hoy en los Estados Unidos: una "mentalidad de víctima" que ha impulsado una era de "abuso de la excusa".

Sostener un estado de víctima excusa a las personas de la responsabilidad por sus propias decisiones. También crea pleitos frívolos que obstruyen nuestro sistema judicial. "Una cultura de la excusa", lo llamó el editor de la revista Reason.[3]

3. Consulta en línea: reason.com.

La respuesta a eso es: no hay excusa. Solo usted es responsable por sus decisiones, así que hágalas sabiamente.

Las decisiones tienen consecuencias. Yo aprendí mi propia lección a la edad de Seth cuando intenté ser "mejor bebedor" que mi padre alcohólico. Él estaba emocionalmente ausente de nuestra casa, así que mi madre vigiló mi educación. La noche que pude seguir de pie, después de que él se desmayó por la cantidad de whisky que estábamos bebiendo, tuve una victoria hueca que me llevó a descubrir que las decisiones tienen consecuencias. Mi elección de ser mejor bebedor que mi padre estaba destruyendo mi futuro. Solo era mi responsabilidad cambiar mi decisión para cambiar mi futuro.

Al negarse a ejercer su poder de decisión, usted permite que otros lo ejerzan por usted. *Si permite que otros tomen decisiones por usted, les permite crear su mundo, y cuando lo hacen, siempre lo crean demasiado pequeño.* Nadie puede ver o entender totalmente lo que está en su mente y en su corazón. Eso es entre usted y Dios. Puede quejarse de las limitaciones en las que está obligado a vivir, pero la verdad es que, a pesar de las circunstancias, usted todavía toma decisiones acerca de su vida.

SU SEGUNDA HERRAMIENTA

La vida está compuesta de nuestras decisiones y se construye por nuestras palabras. Una vez que usted elige construir una nueva vida, debe cambiar sus palabras. *Usted se compromete solo con lo que confiesa.* Si usted no lo dice, no se sentirá responsable o comprometido para hacerlo, y nadie lo habrá oído para hacerlo responsable.

Repetir frases, cantar mantras y hacer confesiones positivas han ganado popularidad porque los líderes y entrenadores se han dado cuenta de que las palabras construyen relaciones, incluso la relación que tenemos con nosotros mismos y con nuestro mundo. La gerencia japonesa ha practicado esto durante años, guiando a sus empleados en ejercicios matutinos, que incluyen gritar la filosofía de la compañía o su slogan.

Nuestras palabras construyen nuestras vidas. Cada palabra dicha tiene poder creativo. Liberamos nuestro poder creativo a través de nuestras palabras y ponemos el mundo en movimiento a nuestro alrededor.

¿Cómo surgió el Edificio Chrysler del polvo de la tierra? Surgió porque alguien usó las palabras para construir su sueño. ¿Qué hizo eclipsar la altura del edificio Empire State? Alguien dijo las palabras: "Nosotros podemos hacerlo mejor y lo demostraremos".

Nuestros mundos se enmarcan por nuestras palabras. Durante la elección presidencial disputada en la corte entre Al Gore y George W. Bush, después de una aplastante y particular pérdida en una sala menor de la corte, el abogado del Al Gore, David Boies, dijo: "Ahora estamos avanzando hacia alguna parte donde podemos obtener una verdadera decisión". Estaban apelando a la Suprema Corte del Estado, pero escogió las palabras que llevarían al mundo a creer que su pérdida lo acercaba más a la victoria. Los partidarios de Al Gore se unieron porque su mundo se enmarcó por las palabras de

David Boies y creyeron que la victoria de Gore era inminente. Incluso después de la decisión definitiva, las palabras que permanecieron en sus oídos fueron las de Boies y tuvieron un tiempo difícil siguiendo a Gore en su concesión a Bush.

Las palabras tienen poder creativo. Use sus palabras tontamente, rompa su palabra o tome su palabra a la ligera, y tendrá dificultades a lo largo de su vida. Use sus palabras sabiamente y prosperará. Sus elecciones y sus palabras son dos de sus mejores herramientas.

¡ESCOJA CAMBIAR!

El cambio es inminente, inevitable e importante. *La única constante en la madurez es el cambio.* Si usted envejece, construye un negocio, empieza una familia, o hace más dinero, lo que sea que haga, experimentará el cambio. *Es difícil vivir con el cambio, pero es imposible vivir sin él.*

Hace muchos años falleció un amigo. Después de que murió, su viuda se esmeró en conservar la casa de la misma manera, organizar sus días de la misma forma, ver los mismos programas de televisión por las tardes. Ella gastó toda su energía en intentar guardar todo exactamente igual, como si él aún estuviera vivo. A pesar de cuánto yo ame, respete y extrañe a mi amigo, quería gritarle a ella: "¡Está muerto!".

Aun cuando pueda hacernos sentir incómodos, la vida va a cambiar. La vida continúa sin tener en cuenta lo que nosotros pensamos que debe pasar. Al negarnos a cambiar, simplemente nos aseguramos de quedarnos donde estamos, o perdemos terreno. En el caso de esta viuda, sus esfuerzos por permanecer igual, realmente le hacían perder terreno porque la vida continuaba aceleradamente sin ella.

Cuando la computadora personal, el fax y FedEx cambiaron la manera en que Estados Unidos hacía negocios, las personas que se adaptaron y abrazaron el cambio ingresaron rápidamente a la nueva era, pero los negocios que no se adaptaron y se negaron a cambiar, perdieron terreno.

Montgomery Ward fue un minorista muy importante durante años, pero cuando Walmart, Target y luego el Internet cambiaron la manera de hacer compras en los Estados Unidos, Ward no cambió. Sears se adaptó e hizo cambios. Sears sobrevivió a Montgomery Ward.

Cambiar de un nivel al siguiente requiere salir de una zona de confort, morir a una visión vieja, romper con una manera cómoda de pensar. Si queremos una vida diferente, tenemos que cambiar lo que estamos haciendo. Repitamos esa frase de Albert Einstein, "locura es repetir las mismas acciones una y otra vez, esperando que los resultados sean diferentes".

ESTÉ DESEOSO DE APRENDER

El hombre que sabe cómo, siempre tendrá un empleo; el hombre que sabe por qué, siempre será su jefe. Usted puede aprender a hacer algo, pero si usted domina el patrón por el que funciona, o el principio en el que se fundamenta, siempre estará por encima de sus pares. Los principios son como las llaves que sirven para abrir las puertas que antes estaban cerradas para usted. Los patrones son como los mapas que lo guían de un nivel al siguiente.

Aprender los patrones y principios de la vida es la búsqueda de toda una existencia. Usted nunca será demasiado viejo ni demasiado joven para aprender. Es más común que las personas tengan más de una carrera. El negocio en el que terminé, lo inicié cuando sobrepasaba los cincuenta años. Mi cuñado, Jimmy, perdió su empleo durante una recesión y no podía recuperar su posición en ese campo. Como resultado, Jimmy se readiestró y se lanzó en una nueva carrera cuando tenía sesenta años.

La cosa más importante en el mundo no es la disponibilidad, es el querer ser enseñado. Una persona puede estar disponible, pero si no está dispuesta a aprender, pronto estará disponible de nuevo. Todo lo que se requiere para aprender es un corazón para la verdad y el deseo de ser enseñado. ¡La razón por la que Jimmy y yo pudimos empezar de nuevo es porque estábamos deseosos de aprender, aun cuando significó escuchar a personas más jóvenes que nosotros!

Es difícil decirle algo a alguien cuando esta persona piensa que ya lo sabe todo. Ábrase a nuevas ideas. Aprenda a adaptarse a las nuevas tecnologías. Salga "de la caja" y comprenda que puede haber más de lo que usted piensa que sabe. La obstinación es el centro de la ignorancia, porque una persona ignorante es demasiado terca para aprender ¡Huya de la ignorancia! Lea. Aprenda los principios. Domine los patrones. Tenga el valor para cambiar.

- Todo en la vida sigue un patrón basado en un principio.
- Mientras más construya una vida sobre principios, más altos serán sus límites, más recto su camino y más grande su vida.
- El patrón que aprende determina la vida que vive. Cuanto mejor el modelo, mejor la vida.
- Los libros son los mejores amigos de las personas.
- Leer es una forma de arte que permite a cada lector ser un artista.
- La lectura es un agente contra el envejecimiento.
- La pérdida del hábito de la lectura es ganancia en el reino de la ignorancia.
- Leer es la cosa más barata que un padre puede hacer con una familia, mientras que no leer es lo más caro.
- La cultura es la culpable del aumento de la ignorancia.
- La verdad es como el jabón: solo es bueno cuando se usa.
- La vida se vive en niveles, a los que se llega en etapas.
- Una vez que usted hace una elección, se hace esclavo de esa elección.
- La decisión se traduce en energía. La indecisión debilita la energía.

- Escoger no decidir se convierte en una decisión en sí misma.
- La vida está compuesta de sus decisiones y construida por sus palabras.
- Las circunstancias no determinan su nivel de vida. Lo que usted hace con las circunstancias lo determina.
- Cada nuevo nivel requiere más. Cuanto más se da, más se obtiene.
- Si no le gusta la vida que está viviendo, cambie sus decisiones.
- Las decisiones determinan conducta, carácter y destino.
- El único seguro que tiene contra el mañana es la decisión de hoy.
- No hay excusa. Solo usted es responsable por las decisiones que toma.
- Las decisiones tienen consecuencias.
- Al permitir que otros tomen decisiones por usted, les permite crear su mundo, y cuando lo hacen, siempre lo hacen demasiado pequeño.
- Usted solo se compromete con lo que confiesa.
- Las palabras tienen poder creativo.
- Nuestros mundos se enmarcan por nuestras palabras.

- La única constante en la madurez es el cambio.
- Es difícil vivir con el cambio, pero imposible vivir sin él.
- El hombre que sabe cómo, siempre tendrá un trabajo. El hombre que sabe por qué siempre será su jefe.
- Usted nunca será demasiado viejo o demasiado joven para aprender.
- La disponibilidad no es la cosa más importante en el mundo, el deseo de ser enseñado lo es.
- Es difícil decirle algo a alguien cuando esta persona piensa que ya lo sabe todo.
- La obstinación es el centro de la ignorancia.

CAPÍTULO 2

SUEÑE CON SU FUTURO, LUEGO ALCÁNCELO

La cosa más poderosa que puede hacer en la vida es crear una imagen. Todos, desde los dueños de la Liga Nacional de Fútbol hasta los de la Avenida Madison, saben que "lo que cuenta es la imagen". Desde el logotipo en la gorra de Tiger Woods hasta la foto del estudiante en la Plaza Tiananmen, las imágenes nos estimulan y nos impulsan.

Las imágenes en nuestras mentes nos conducen hacia nuestro destino. Los sueños son la esencia de cada gran logro en la vida. Bill Gates soñó con ser más grande que la IBM, lo que era inconcebible, pero lo logró.

Los sueños de los logros de las personas son el fundamento para lo que hacen o no en la vida. Muggsy Bogues soñó con jugar baloncesto profesional. Cuando apenas sobrepasó el metro y medio de estatura, se negó a abandonar su sueño, y lo logró.

Clarence Thomas soñó con convertirse en abogado. Abandonado por sus padres, incapaz de hablar claramente, su pobre educación no era un buen presagio para su éxito. Pero nunca renunció a su sueño y está sentado en el Tribunal Supremo de los Estados Unidos.

Fred Smith es parte del folklore americano moderno porque entregó un proyecto estudiantil en la universidad y recibió una baja calificación. El profesor universitario consideró de "poco realista" el concepto de Federal Express, el sueño que describió Fred en su asignación. Pero Fred no abandonó su sueño, y lo logró.

La mayoría de las personas no tienen sueños suficientemente grandes. Les dan a otros el poder de destruir la imagen en sus mentes y fallan en lograr lo que podrían haber logrado. La cosa más poderosa que usted puede hacer en la vida es crear una imagen; la siguiente es destruirla.

Acérquese a cualquier bar en la ciudad y encontrará una muchedumbre de Bills, Muggs, Clarences y Freds, de "pude", "debí" o "quise" que permitieron que otros robaran sus sueños. Cuando sus sueños murieron, un nuevo sueño surgió para tener una vida mundana y mediocre, y ellos lo aceptaron. Los sueños pueden morir, pueden desaparecer, o pueden ser hurtados, pero ninguna persona puede vivir sin un sueño.

VER SU FUTURO

"Los sueños son la substancia del logro" es un principio de vida. El patrón para los sueños es que la imagen en su mente determina su futuro. Sus sueños lo atraen hacia su futuro como un imán. Cuanto más específico su sueño, más poderosa la atracción. Un sueño que ha sido robado y ha sido reemplazado por algo como "serás como tu padre", cambiará su futuro porque usted será atraído hacia lo negativo en lugar de lo positivo.

Si su sueño ha sido alterado, destruido o transformado en uno negativo, debe rehacer su sueño en una visión positiva de su futuro. Una visión positiva crea esperanza, un sentido de destino y propósito.

Doug creció en una familia adoptiva y apenas conoció a su padre. A pesar de que era un campeón de lucha en la escuela secundaria, y que su entrenador quería que compitiera en los juegos olímpicos, Doug optó en cambio por las drogas y terminó recorriendo el país en busca de su padre biológico. Su sueño para lograr el éxito como atleta fue menguando por un sueño más profundo en su corazón que era encontrar a su padre.

El encuentro fue menos que exitoso, pero cumplió con un propósito, ya que permitió a Doug soñar de nuevo. Sentado en la oficina de un gimnasio que eventualmente administraba, soñó con ayudar a las personas jóvenes perdidas y a los adictos, a dejar las calles. En unos años, el sueño de Doug se concretó en organizar a todas las organizaciones de caridad de su ciudad, un sueño que parecía completamente fuera de alcance, ya que todas estaban compitiendo por los mismos dólares para mantenerse funcionando. Pero Doug realizó ese sueño y ahora dirige su plan para ayudar a otros a nivel nacional e internacional.

En una reunión, un amigo, A. R. Bernard, de Brooklyn, Nueva York, enseñó que debido a que nuestra visión es nuestro futuro, *una persona sin una visión no tiene futuro, y una persona sin futuro siempre regresará a su pasado.* Sin una visión para el futuro, la única visión que tenemos es nuestro pasado. Eso es todo lo que alcanzamos a ver. Así que, si nuestra visión es amenazada, empezamos a mirar atrás a lo que podemos ver. Y si nuestra visión muere, regresaremos al pasado, pensando que estábamos mejor antes de intentar lograr nuestro sueño.

El vendedor de automóviles usados que se lanza en el negocio por su cuenta y encuentra tropiezos, ¿a dónde va? De nuevo al lote de carros usados. Pierde su futuro; todo lo que sabe hacer es lo que hacía antes. Un delincuente que huye es un hombre sin futuro. Los oficiales de la policía siempre averiguan todo sobre el pasado de un delincuente, para saber dónde encontrarlo en caso de que escape.

Esa verdad aplica en los negocios. Aplica en el crimen. Aplica en el matrimonio.

Cuando hay problemas en el matrimonio, y cualquier de los cónyuges pierde la visión sobre su matrimonio, piensan inmediatamente en volver a un estado de soltería, o incluso a un amante anterior.

Así como una semilla cae en la tierra y muere para producir una planta mucho más grande que la semilla, también nuestra visión puede caer en la tierra y parecer que muere. Cuando una visión muere, podemos tener fe en su resurrección, o adoptar otra visión. Pero no podemos vivir sin una visión.

ESCRIBA LA VISIÓN

Un sueño no se convierte en una visión hasta que no se escribe. Recuerde: usted solo se compromete con lo que confiesa. Escriba la visión que tiene para su futuro, confiésela y comprométase con lo escrito, y podrá lograrlo.

Las visiones no pueden convertirse en metas hasta que sean escritas. Los sueños sin metas son como los automóviles sin gasolina. No van a ninguna parte. Fred Smith pudo haber recibido una calificación baja en su proyecto llamado "Federal Express", pero al escribirlo, estaba en el camino correcto para lograr su sueño.

Luego, usted debe escribir aquello en lo que cree. Verlo por escrito le hace parecer real.

Glenn y Bobby eran dos jóvenes hermanos que crearon un cinturón sintético en su garaje. Ellos pensaron que podían ayudar a las personas a perder peso. Tenían una visión, escribieron su plan y lo llevaron a la práctica. Luego crearon un empaque y vendieron algunos desde su casa. Pero ellos pensaban que podían lograr algo mejor que vender su producto en forma casera.

Reunieron todo el dinero que tenían, tomaron un vuelo a la oficina principal de Kmart y mostraron su único producto a los compradores. Kmart lo compró. De la noche a la mañana, estaban en el negocio con el manejo de la producción, administración y mercadeo. Pronto otros inventores acudieron a ellos para mostrarles sus productos y fundaron una compañía de accesorios de gimnasia que hoy hace negocios a nivel mundial.

Soñar sin creer es un disparate. Creer en lo que sueña es sabio. Pero tiene que creer en su sueño. Lo que usted cree tiene el más grande potencial para lo bueno o malo en su vida, porque está atado a sus creencias. Las creencias correctas tienen una carga ligera, mientras que las creencias equivocadas tienen una carga pesada.

Toda conducta equivocada está basada en una creencia equivocada. Tenía un amigo empresario que creyó que podría tener un amorío con su secretaria, sin consecuencias. Perdió su trabajo y su familia. Otro amigo pensó que podía alterar los documentos que enviaba a través del correo. Cumplió una sentencia en prisión. Los adúlteros creen que nadie los encontrará. Los malversadores creen que pueden encubrirlo. Los adictos creen que pueden manejarlo. Los delincuentes creen que la culpa es de alguien más.

Para cambiar su conducta, cambie sus creencias. Si usted cree que va a ser pobre, gastará demás. Si cree que es un tonto, estudiará menos. Si cree que va a ser asesinado, evitará salir a la calle. Si cree que no le caerá bien a las personas, evitará reunirse con ellas. Pero si usted cree que va a estar delgado, comerá lo correcto. Si cree que va a tener éxito, buscará las oportunidades. Si cree que va a ser rico, inventará. Si cree que puede lograr sus sueños, los perseguirá.

Las percepciones personales crean realidades. Lo que creemos, verdadero o falso, es real para nosotros. Cuanto más se alineen nuestras percepciones con la verdad, más prósperos podemos llegar a ser, porque la verdad nos hace libres.

ATRAIGA O RECHACE

Usted puede ser uno de los miles de desilusionados que hay en el mundo, o uno de los pocos exitosos. Lo que piensa en su corazón determina en lo que usted se convierte. Crea que es exitoso y actuará exitosamente mientras excava zanjas. Crea que es un fracasado y actuará como un fracasado en una oficina a todo lujo.

Lo que usted crea atraerá o rechazará. Una oficina de lujo no lo convencerá, no vencerá su propia creencia de que es un fracasado, y terminará excavando zanjas. Crea que es exitoso, la zanja no podrá retenerlo, y terminará en un elegante piso de ejecutivos.

Usted está unido en yugo a sus creencias, y el yugo determina la carga que soporta. El peso de creer "yo no puedo" es la carga del fracaso. La facilidad de creer "yo puedo" es la carga del éxito; es ligera en mente y cuerpo, representa la diferencia entre el salario mínimo y el ingreso alto.

La fe y el temor tienen la misma definición. La fe es creer en que lo que no se ve, puede llegar a suceder. El temor es creer en que lo que no se ve, puede llegar a suceder. *La fe atrae lo positivo, mientras que el miedo atrae lo negativo.* La suma total de nuestras vidas se basa en lo actuado por temor y por fe.

Un tren explotó en un túnel soltando fumarolas de humo que asfixiaban a los aterrados pasajeros. La mayoría de los pasajeros actuaron por el miedo que tenían a morir y corrieron, sin pensar, hacia las montañas, penetrando en las nubes de humo y determinando su muerte. Algunos de los pasajeros actuaron con fe en que sobrevivirían, se detuvieron a pensar en la dirección en que escaparían, alejándose de las montañas y el humo, hacia una zona de seguridad.

La fe atrae luz, vida y amor. El miedo atrae oscuridad, muerte y ruina. Mi hija tiene un alegre y pequeño perro pastor que le encanta visitar mi casa. Tenemos dos gatos en la casa, Jasmine y Bandit. Jasmine le tiene miedo al perro y huye de él, lo que el perro ve como una invitación a la persecución. Bandit es más viejo y no le teme al perro. Se estira en el piso con la esperanza de que el perro lo ignore, y el perro así lo hace. El miedo atrae el ataque.

En las finanzas, cuando ponemos la fe a trabajar, la fe atrae ganancias. Las personas con fe se atreven a lanzarse sin esperar por las condiciones perfectas que nunca llegan. Las personas con fe compran bajo cuando nadie más está comprando, y venden alto cuando todos los demás ven los resultados de su fe. Las personas con fe trabajan con lo poco que tienen, en lugar de esperar todo lo que necesitan.

Cada persona tiene una medida de fe. Cuando ponemos la fe a trabajar, solo necesitamos tenerla del tamaño de una semilla de mostaza para ver cómo nuestros sueños se hacen realidad.

La fe es como el viento, no puede verse, solo vemos su evidencia. La evidencia de que estamos usando la fe está en nuestras obras.

La fe es la creencia en acción.

SUS MEJORES AMIGOS

Al leer este libro, en casa con su familia, en un avión, en su oficina, en la playa, usted está sentado con su mejor amigo y el peor enemigo. No es la persona a su derecha o izquierda, no es un ángel ni un diablo sobre sus hombros ¡Es usted! Sus decisiones, basadas en lo que cree, harán de usted su propio mejor amigo o el peor enemigo.

El agua siempre busca su propio nivel. En lo que se refiere a la vida humana, esto significa que usted siempre subirá al nivel de su fe. Si usted cree que puede ganar miles por mes e inicia un negocio que produce solo cientos, pronto encontrará una manera de hacer crecer ese negocio y ganar miles. Si usted tiene la fe de ganar centenares por mes e inicia un negocio que produce miles creyendo que ha ganado el premio gordo, pronto el negocio se nivelará a producir centenares por mes.

Lo que impulsa su mente, el sueño oculto de su corazón y el ejercicio de su fe, marcarán la manera en que vive y el nivel que logra. No todos viven en el mismo nivel de fe. No todos persiguen la misma visión. Para conservar una visión propia, debe tener cuidado con lo que permite ingresar en su vida.

Mientras se eleva de un nivel de la vida a otro, sus amistades íntimas deben cambiar. Retener la amistad de aquellos que se niegan a creer frustrará su propio crecimiento. Sus amigos más íntimos, cuando no comparten su visión, pueden convertirse en sus principales críticos y los terribles destructores de sus sueños.

LAS CREENCIAS PRIVADAS SE CONVIERTEN EN CONOCIMIENTO PÚBLICO

Guarde sus creencias. *Si usted le acepta a una persona una filosofía que es simplemente una racionalización para justificar el fracaso que ella ha tenido, usted acepta el fracaso de esa persona.* Cuando usted vive a base de la filosofía fallida de esa persona, usted vive el fracaso de ella.

Un misionero regresó de ultramar a casa después de dirigir una iglesia de cien personas. Se hizo cargo del departamento de misioneros en el extranjero y desarrolló el concepto de lo que llamó la "iglesia madre". Recomendaba que las iglesias solo crecieran hasta alcanzar los cien miembros, y luego que los mismos miembros iniciaran otra iglesia; cualquiera sabe que la fortaleza está en los números. El misionero adoptó una mala filosofía para justificar su propio fracaso. Cualquier persona que acepta esta filosofía, acepta su fracaso.

Guarde sus creencias. La combinación de todas sus creencias crea su filosofía personal. *La filosofía personal determina su comportamiento en público.*

Una mentira se ha extendido en nuestra sociedad, la que afirma que lo que una persona hace en privado es asunto suyo. La mentira se inició para justificar ante el público las actividades inmorales de líderes políticos, religiosos y comerciales. Pero se convirtió en una filosofía tan perspicaz que las personas no solo las creyeron de los líderes, sino también de ellas mismas, pensando que podrían vivir de cualquier manera y no afectar su trabajo, familia o vida pública.

Cuando se inventa una mentira para justificar el fracaso moral de alguien, aquellos que lo aceptan, aceptan el fracaso.

Ningún hombre es una isla. Ninguno de nosotros vive o muere por cuenta propia. El cómo actuemos en privado nos afecta a nosotros mismos, a nuestras familias y a la sociedad cuando se hace público. "Esté seguro de que sus pecados lo delatarán" es más que un cliché repetido por los maestros. Cualquier cosa que se haga en secreto algún día será pregonada desde los tejados.

En la política, lo que una persona practica en privado determina cómo él o ella votará en público. En la industria del cine, debido a la filosofía personal de un grupo de cineastas renombrados, América ha enviado películas alrededor del mundo con temas que han debilitado las costumbres tradicionales y devaluado la moral nacional. En el mercado de valores, la creencia personal de algunos emprendedores de que era más importante asegurar los fondos que vender un producto viable, derrumbó acciones y generó la ruina financiera de muchos.

Lo que usted practica en privado, eventualmente se ve en público. Y la persona que realmente es, se ve mejor cuando está a solas.

Guarde sus creencias. El único principio en el que usted realmente cree, es aquel que obedece.

BUENO, MEJOR, EXCELENTE

Lo bueno es enemigo de lo mejor. Lo excelente no viene con la perfección, sino simplemente cuando ya no se puede hacerlo mejor. Si usted sabe que puede hacerlo mejor, entonces no ha hecho su mayor esfuerzo. Esa creencia es la que manejaba Phil Jackson con su equipo de baloncesto, y Venus Williams en la cancha de tenis. Es lo que motiva a Martha Stewart con cada nueva empresa y a Cecilia Bartoli con cada nueva ópera.

¿Por qué conformarse con lo bueno cuándo puede tener lo excelente? Cuando examino los años transcurridos, la mayoría de las personas que he conocido podrían haber tenido más si no se hubieran conformado con menos.

Vaya por lo grande. Toda cosa buena en la vida empieza con usted, así que permítale que suceda. Escriba su visión, luego actúe con fe en sus creencias, de acuerdo con su filosofía personal.

- La cosa más poderosa que puede hacer en la vida es crear una imagen. La siguiente es destruirla.
- Los sueños son la esencia de cada gran logro en la vida.

- Su visión determina su futuro.
- Una persona sin una visión es una persona sin futuro, y una persona sin futuro siempre retornará a su pasado.
- Los sueños sin metas son como los automóviles sin gasolina. No van a ninguna parte.
- Soñar sin creer es una tontería. Creer en lo que sueña es sabio.
- Lo que usted crea tiene el gran potencial para lo bueno o lo malo en su vida.
- Las creencias correctas tienen una carga ligera; las creencias equivocadas tienen una carga pesada.
- Toda conducta equivocada se basa en una creencia equivocada.
- Para cambiar su conducta, cambie sus creencias.
- Usted puede ser uno de los miles de desilusionados que hay en el mundo, o uno de los pocos exitosos.
- Lo que usted crea atraerá o rechazará.
- Está unido en yugo a sus creencias y el yugo determina la carga que soporta.
- La fe es creer en que lo que no se ve, puede llegar a suceder. El temor es creer en que lo que no se ve, puede llegar a suceder.
- La fe atrae lo positivo. El miedo atrae lo negativo.

- La fe es como el viento, no puede verse, solo su evidencia.
- La fe es la creencia en acción.
- Usted está sentado con su mejor amigo y peor enemigo: ¡Usted!
- El agua siempre busca su propio nivel.
- Mientras se eleva de un nivel a otro en la vida, sus amistades íntimas deben cambiar.
- Si usted le acepta a una persona una filosofía que es simplemente una racionalización para justificar el fracaso que ella ha tenido, usted acepta el fracaso de esa persona. Cuando usted vive a base de la filosofía fallida de esa persona, usted vive el fracaso de ella.
- La filosofía personal determina la actuación en público.
- El único principio en el que cree, es aquel que obedece.
- Lo bueno es enemigo de lo mejor.
- Si usted sabe que puede mejorar, entonces no ha hecho su mejor esfuerzo.
- Podría tener más si no se conforma con menos.
- Toda cosa buena en la vida empieza con usted, así que permítale que suceda.

CAPÍTULO 3

BUSQUE LA VERDADERA RIQUEZA

Las personas piensan indiscriminadamente que prosperidad y riqueza son sinónimos. No lo son. Las riquezas te darán prosperidad, pero la prosperidad nunca te hará rico.

La verdadera riqueza y prosperidad engloba todo de la vida. Tener éxito en los negocios a expensas de su familia no lo dejarán más satisfecho que vivir en la pobreza. Los dones, talentos, conocimiento y sabiduría ayudan a darle el poder para conseguir las riquezas, que solo se consiguen cuando estos se equiparan a cierto grado de salud espiritual, mental, emocional y física.

Jim produjo riquezas y un cómodo estilo de vida cuando dirigió una compañía de desarrollo con cincuenta empleados. Pero produjo prosperidad cuando despidió a todos, compró dos teléfonos celulares y empezó a trabajar con subcontratistas desde su casa. Menos personas y proyectos, menos ejercicio físico, emparejado con su talento natural y un poco de sabiduría, le produjeron paz mental y una vida verdaderamente adinerada.

Buddy produjo riquezas cuando inició su propia compañía de publicidad y ayudó a autores novatos. Pero produjo prosperidad cuando fundó otras compañías de publicidad, otros negocios y pudo cumplir con el deseo de su corazón de ayudar a más personas.

Viland pensó que había tenido éxito en la dirección de una corporación internacional. Utilizaba buena ropa, manejaba magníficos automóviles y pagaba la educación privada de su hija. Una mañana se despertó y no quiso ir a trabajar. Unas semanas más tarde comprendió que siempre odió ir a trabajar. Peor, no le interesaban las cosas que su trabajo le permitía tener.

La esposa de Viland, Kathy, se angustió cuando él le dijo que necesitaba un cambio, pero lo apoyó cuando renunció a la compañía, vendió sus automóviles y compró una camioneta pickup. Luego, compró un destartalado mueble en un barrio de clase media y se puso a refaccionarlo con sus manos. Vendió la casa, obtuvo una buena ganancia y compró dos más.

Hoy día Viland tiene dos cuadrillas que trabajan para él. Él lleva su desteñido *jean* mientras compra su café en la bodega, junto con los otros contratistas cada mañana. Luego maneja su camioneta pickup a sus centros de trabajo y a las reuniones planeadas, interviniendo donde es necesario, solo para recibir la satisfacción de trabajar con sus manos. Le compró a su esposa un automóvil bonito otra vez, su hija nunca sintió la transición, y sus ganancias se han nivelado a donde estaban cuando salió de la compañía. Antes tenía riquezas. Ahora tiene prosperidad.

DESCUBRA SUS DONES

Es de conocimiento popular que estafar en los negocios produce maldición y no la bendición que las personas buscan cuando estafan. De la misma manera, producir riqueza haciendo lo que usted odia es una forma de estafarse. No producirá la prosperidad que busca. El dinero no puede compensar la falta de realización personal.

Dios nos creó singularmente, no somos iguales. Le permitiré llevarme de compras o a jugar golf para demostrarle esto. No soy el mejor en ninguna de las dos actividades. Cada uno tiene la capacidad para la excelencia, pero no ejercemos los mismos talentos que los demás. Solo con una mirada a los peces del mar servirá para reconocer que la tierra sobreabunda en diversidad. ¡Usted no es como nadie más en la tierra, y se supone que no debe serlo!

Puede estar en la misma línea de trabajo que alguien más, y tener éxito, pero lo hará de una manera diferente. Dos personas nunca harán el mismo trabajo de la misma manera. Un buen artista puede pintar un plato de frutas, pero dos artistas que pintan el mismo plato terminarán con dos pinturas completamente diferentes. No es que uno sea bueno y el otro malo. Simplemente son diferentes. Se supone que deben serlo.

A un experto motivador le gustó la manera en que otra colega dirigió sus seminarios. Cambió enteramente su manera de organizar e incluso su propia forma de hablar, para hacerlo de la misma manera en que lo había hecho la exitosa mujer. Fracasó. En lugar de utilizar los mismos principios que la mujer había usado para hacer los seminarios o adoptar el patrón a sus propias fortalezas y debilidades, intentó copiar exactamente lo que ella hizo. Ha sido un desastre del que todavía no se recupera por completo.

Utilizar el patrón de vida de otra persona es como intentar correr una carrera con zapatos de otra talla. Puede seguir los principios y el patrón, pero acentúe sus propios dones y saque ventaja de sus fortalezas. Disfrute lo que hace bien. Celebre sus talentos.

La más grande realización de prosperidad personal vendrá cuando descubra y ejerza los dones que Dios le ha dado, y logre una meta en la que pueda decir, "yo nací para esto". Nunca se ganan los dones y talentos, solo se les descubre. Su más grande realización se encontrará en el lugar donde utilice sus dones y talentos.

NECESITA LA AYUDA DE OTRAS PERSONAS

La mayoría de las personas son más conscientes de lo que hacen mal que de lo que hacen correctamente. ¿Qué pasaba cuando traía a casa su libreta de notas cuando era niño? Había felicitaciones por las buenas notas, pero se le demandaba mejorar las bajas. Normalmente es lo negativo lo que se adhiere a nosotros. Y se adhiere para toda la vida.

Las debilidades no deben tener poder sobre las fortalezas y las fortalezas no deben ser corrompidas por las debilidades. Son temas completamente diferentes. Mi amigo, John Binkley, señaló que si usted gasta todo su tiempo en sus debilidades, lo máximo que puede esperar es convertirse en un mediocre. Pero si enfoca la energía en sus fortalezas, no hay ningún límite a lo que usted puede producir. Descubra sus fortalezas. Luego, apueste a ellas.

Otras personas pueden ver sus fortalezas antes que usted, porque para usted son comunes. Pregúnteles a sus amigos. Lynn se conecta bien a través de una red de computadoras, se presenta a sí misma de una manera positiva y nunca ha conocido a un extraño. Sin embargo, pregúntele por sus fortalezas y parece perderse por un momento antes de poder contestar. La más grande fortaleza que posee se presenta tan naturalmente en ella, que se olvida que es un don. Si cree que cualquiera pude hacerlo, esa es, probablemente, su mejor fortaleza.

Pregúntese qué estimula su creatividad. Preste atención a lo que llena sus pensamientos, a aquello por lo que se siente atraído durante la recreación y relajación. Estas son pistas para descubrir sus fortalezas. Al descubrirlas, encuentra el camino a una vida de completa prosperidad.

Todo en la vida depende de las relaciones. Usted necesita a las personas no solo para que le muestren sus fortalezas, sino para que cubran sus debilidades. Un viejo axioma dice que no es lo que usted conoce, sino a quién conoce. La perversión del principio implica usar a las personas para su provecho personal, luego desecharlas. Pero el principio es verdadero. Busque la amistad de alguien con fortalezas en las áreas de sus debilidades. Únase con personas que son fuertes donde usted es débil, para que pueda desarrollar sus fortalezas mientras ellas cubren sus debilidades.

Cuando quiero boletos para un juego de baloncesto, llamo a un jugador profesional que es mi amigo. Él obtiene los boletos. Gran hazaña para mí. Nada especial para él. ¿Por qué? Porque él tiene los medios para conseguir los boletos y yo no. Cuando él necesita un consejo o ayuda en sus varias empresas, me llama. Lo escucho en el teléfono, luego le digo lo que pienso y cuelgo. Gran hazaña para él. Nada especial para mí. ¿Por qué? Porque yo conozco los principios que él no conoce.

Llámelo un sistema de intercambio o una sociedad, o simplemente es un buen negocio. Encuentre personas que están fortalecidas en las áreas en las que usted es débil y podrá desarrollar sus fortalezas. *Enfóquese en sus fortalezas y sus debilidades se tornarán irrelevantes.*

Algunas personas que ganan anualmente un cuarto de millón de dólares hicieron un listado de cinco factores importantes para lograr el éxito. Yo los enumero aquí porque no solo son una base para adquirir riqueza, sino para conseguir las relaciones que lo ayudarán. Los cinco factores fueron:

- Habilidad para comunicarse
- Inteligencia – no solo educación, sino sentido común
- Integridad
- Experiencia
- Una actitud positiva

PELIGROS PARA ALCANZAR LA RIQUEZA

Tres cosas sabotean el éxito: la lujuria de la carne, la lujuria de los ojos y el orgullo de vida. Toda tentación del mal emana de, se origina por, o se inicia en esas tres cosas.

Mire el orgullo. *"Después del orgullo viene la caída"*, afirma Proverbios 16:18 (PDT). La humildad es lo contrario al orgullo, la humildad precede a la bendición. Si tiene problemas con el orgullo, no intente aplastarlo; solo practique la humildad y el orgullo cederá por sí solo. La verdadera humildad no es negar cuán grande es usted, hablar mal, desaprobar sus dones o negar sus habilidades. *La verdadera humildad simplemente es la disposición de permanecer anónimo.* "No hay límite en lo bueno que un hombre puede hacer si no le interesa quién se lleva el crédito", sentencia el viejo adagio.

Hoy en día puede practicar la humildad en un sinnúmero de maneras. Permita que alguien arranque primero de la señal de pare. Permita que un peatón cruce delante de usted. Dé al mozo una propina extra, generosa. Luego guarde estas buenas acciones para sí. Estos son ejercicios simples, pero producirán un cambio de actitud desde su interior. La próxima vez que usted quiera presumir sobre su ingreso o exigir a un empleado con un "¿sabes quién soy yo?", tendrá un hilo de éxitos en su haber que le permitirán permanecer humilde.

El anonimato es la esencia de la verdadera humildad. Los éxitos "de la noche a la mañana" siempre provienen de aquellos que han invertido una vida en un trabajo que nadie vio. En los deportes siempre me asombró ver cómo una centésima de segundo, un décimo de punto, un movimiento diminuto, separa a los ganadores de los perdedores. Los atletas jóvenes empiezan humildemente trabajando solos porque no saben si estarán en el equipo, si ganarán el título o la medalla de oro. Pero después de que logran el éxito, igualmente me asombra cómo pocos permanecen humildes. En su orgullo, gastan sus fortunas, estropean sus relaciones y a menudo acaban su vida sumidos en la pobreza de espíritu y económica. Los trofeos Heisman y anillos de campeonatos no son raros en las casas de empeño y en las colecciones privadas.

Se necesita humildad para admitir lo que uno no sabe. Se necesita humildad para admitir la necesidad. Se necesita humildad para intentarlo de nuevo. Se necesita humildad para cambiar. Humillarse para aprender, para seguir intentándolo y cambiar, lo hace a usted flexible, móvil y lo prepara para avanzar al próximo nivel.

La pasión es la necedad de la juventud y el prejuicio es la necedad de la senectud (he oído que al prejuicio se le llama "el endurecimiento de las actitudes"). Pero el orgullo es la necedad de la edad madura. Para pasar con éxito a eso que el autor de *Passages*[4] (Pasajes) llama "segunda madurez", necesitamos la humildad para reconocer lo que no hemos aprendido todavía.

Superar el orgullo le abre la puerta para que vuelva a empezar en el siguiente nivel. Siempre hay un próximo nivel, y un próximo. Existe un nivel superior incluso a la fama y fortuna. Se llama "Grandeza". Mayor que la grandeza, es la "Leyenda". Casi todas las verdaderas leyendas lograron su espacio en la historia a través de su humildad.

LUJURIA: SABOTAJE DEL ÉXITO

De las tres cosas que sabotean el éxito, la lujuria de la carne, la lujuria de los ojos y el orgullo, dos tercios tienen sus raíces en la lujuria.

La lujuria es la perversión del amor. Emocionalmente, lo contrario al amor es el odio. Legalmente, lo contrario al amor es la ley. Moralmente, lo contrario al amor es la lujuria.

El amor es el deseo de beneficiar a otros aun a expensas de uno mismo, porque el amor desea dar. La lujuria desea beneficiarse a sí misma, incluso a expensas de otros, porque la lujuria desea conseguir.

Cualquiera puede codiciar. Las naciones pueden codiciar. Las corporaciones pueden codiciar. ¿Qué otro nombre recibiría el hecho de que las corporaciones sacrifiquen sus obreros y relaciones para adquirir otro negocio? ¿O cuando gozan de una suerte inesperada y se niegan a compartirlo con

4. Gail Sheehy, Ballantine Books, 10 de enero de 2006.

su personal y clientes? Podrán producir una ganancia a corto plazo, pero al final traerán la destrucción.

Un producto para mujeres, en la cima de su segmento de mercado, decidió reducir el contenido de su empaque mientras conservaba el mismo precio. El recorte de su servicio no requería ningún costo adicional. No existió ninguna escasez. Su deseo de ganancia personal, a expensas de sus clientes, resultó en la pérdida del primer lugar que nunca pudo recuperar.

He visto ciertas naciones africanas pobres con un afecto inmoderado por la prosperidad de Norteamérica. Cuando Estados Unidos hizo entregas, de acuerdo con sus requerimientos, los escalones superiores del gobierno recibieron el beneficio, pero los ciudadanos no vieron ninguna diferencia. La demanda por el regalo implicó la codicia.

Sin embargo, naciones como Uganda han cambiado completamente desde que empecé a ir allí hace casi veinte años atrás. Se libraron de la lujuria de los regímenes dictatoriales anteriores, empezaron a cuidar de sus ciudadanos trabajando con lo que ellos tenían, y como resultado, el país, sus industrias y sus ciudadanos están empezando a prosperar.

AME SU CAMINO HACIA LA VERDADERA GRANDEZA

El amor es fácilmente satisfecho. La lujuria es insaciable. Cuando la lujuria se inquieta, ningún objeto está fuera de nuestro alcance. Nosotros anhelamos el Lexus en la carretera, la hamburguesa en la señal del camino, la mujer en el Jeep

Cherokee, el diamante en el dedo de la otra mujer, la comida que el otro tipo pidió, los canales que nuestra televisión no sintoniza. *La lujuria no tiene límites y no encuentra final.*

El amor tiene su naturaleza en el cielo, y produce el cielo en esta tierra. La lujuria tiene su naturaleza en el infierno. Vivir una vida basada en la lujuria es producir un infierno de vida.

Las antiguas series de televisión como "Papá lo sabe todo", nos enseñaban acerca del amor. Claro, nos lo enseñaban respecto al ideal, pero era algo con lo cual nos podíamos comparar. Hoy, la mayoría de las imágenes en nuestra sociedad, desde las carteleras a las letras de las canciones, se basan en la lujuria y nos brindan algo de lo que debemos vivir apartados.

Una característica que define a una cultura es el idioma. La cultura determina la civilización. El deterioro del idioma de una cultura es la señal de la degeneración de esa civilización. La degeneración es el proceso de la lujuria. Cuando la lujuria se convierte en el nivel común del idioma en la sociedad, en lugar del amor y la preocupación por otros, se revela un peligro inminente.

Se ve la lujuria en cada nivel corporativo. Exhibir la lujuria es solo trabajar egoístamente. Los empleados lujuriosos hacen uso de todos sus días de licencia por enfermedad, toman los artículos de la oficina para la casa, usan la copiadora para sus propósitos personales, llegan tarde, salen temprano y emplean la mayor parte del tiempo en el teléfono o Internet, cuidando negocios personales. Funciona de ambas maneras.

Los gerentes lujuriosos ridiculizan a los empleados y les atribuyen la culpa para poder lucir mejor.

Exhibir el amor es trabajar por el bien más alto de alguien más. Los gerentes exitosos saben que, si ellos trabajan por la productividad más alta de cada empleado, la compañía entera se beneficiará. Los empleados exitosos saben que si ellos trabajan por el bien más alto de su gerente, se promoverán juntamente con él, o incluso podrán eclipsarlo. La prueba de amor o lujuria en el centro laboral puede verse en la primera línea de trabajo.

Una de las señales de la verdadera prosperidad de Mark Cuban fue que al vender Broadcast.com a Yahoo! por $3.7 mil millones, 300 de 330 empleados se volvieron millonarios. Construyó su negocio basado en una preocupación por los otros, no solo por sí mismo. Cuidó su bien más preciado. A cambio, sus empleados cuidaron su mayor bien y todos tuvieron éxito.

Mark descubrió que no todos los millonarios aman el caviar y la champaña, pero a todos le gusta obtener gaseosas gratis. Así que abasteció los refrigeradores de la compañía con gaseosas, lo que gastó fue algo ínfimo, pero así demostraba su aprecio por otros. Cuando él compró la tambaleante franquicia de baloncesto Dallas Mavericks, aplicó el mismo modelo. Renovó las camas de sus jugadores en los cuartos de hotel donde se iban a alojar temporalmente. Contrató a alguien para lavar y reparar los automóviles que los jugadores manejaban hacia el aeropuerto para abordar el avión del equipo. Gastó una porción diminuta de lo que él había pagado por el equipo, pero los hizo felices, y en una temporada se convirtieron en ganadores.

El amor se demuestra trabajando por el bienestar de alguien más.

Usted puede amarse o ser lujurioso incluso consigo mismo. Cuando actúa en amor por su cuerpo, cuida de su salud, come bien y mantiene un régimen de ejercicios de alguna clase. Porque el amor está fácilmente satisfecho, este estilo de vida satisface fácilmente su apetito, y hace que su cuerpo se sienta sano y bien equilibrado. Pero la lujuria causa un deseo insaciable por dulces, grasas o drogas, o por mantenerse despierto largas horas desgastando su cuerpo. Aun en su lujuria usted demanda que su cuerpo todavía funcione a favor suyo. La lujuria es insaciable. Su cuerpo sentirá el choque de su fuerza.

La tentación puede sabotear todo lo que usted hace y traer un fin súbito a su búsqueda de la prosperidad. Pensamientos tentadores le dicen que busque riquezas, creyendo que solo ellas pueden atraer la felicidad. Si se permite correr con desenfreno, consumirá todo lo que usted gana conduciéndolo a más, más grande, más rápido; más pronto, mejor. La lujuria por el dinero nunca producirá verdadera riqueza.

MANTÉNGASE EN GUARDIA

Aprenda acerca de sus fortalezas preguntando a otros y escuchándose a sí mismo. Luego encuentre una manera de apostar a sus fortalezas. Usted necesita a las personas.

Encuentre a las personas cuyas fortalezas cubran las áreas de sus debilidades y utilice sus habilidades para construir relaciones con esas personas. En la senda a la prosperidad, cuídese y controle sus pasiones. El principio es: *"Domine su pasión o su pasión lo dominará a usted"*.

- La prosperidad lo hará rico, pero las riquezas nunca lo harán próspero.
- El dinero no puede compensar la falta de realización personal.
- Dios creó a cada uno singularmente, pero no igualmente.
- Nunca se ganan los dones y talentos, solo se descubren.
- Si emplea todo su tiempo en sus debilidades, lo máximo a lo que puede aspirar es a ser mediocre.
- Cuando descubre sus fortalezas, encuentra la senda para la total prosperidad en la vida.
- No es tanto lo que conoce, sino a quién conoce.
- Cuando se concentra en sus fortalezas, sus debilidades se tornan irrelevantes.
- Toda tentación del mal emana de, se origina por, o comienza en la lujuria de la carne, la lujuria de los ojos y el orgullo.
- La humildad precede a la bendición.

- La verdadera humildad simplemente es la buena disposición de permanecer anónimo.
- No hay límite para lo que un buen hombre puede hacer, si no le interesa quién consigue el crédito.
- El anonimato es la esencia de la verdadera humildad.
- Se necesita humildad para admitir lo que usted no sabe, admitir necesidad, intentar de nuevo, cambiar.
- La pasión es la necedad de la juventud, el orgullo es la necedad de la edad madura; y el prejuicio es la necedad de la senectud.
- La lujuria es la perversión del amor.
- El amor es el deseo de beneficiar a otros aun a expensas de nosotros mismos, porque el amor desea dar. La lujuria es el deseo de beneficiarse a sí mismo incluso a expensas de otros, porque la lujuria desea conseguir.
- El amor es fácilmente satisfecho. La lujuria es insaciable.
- El amor tiene naturaleza de cielo y produce el cielo en esta tierra. La lujuria tiene la naturaleza de infierno.
- El amor se demuestra trabajando por el bienestar de alguien más.
- Domine su pasión o su pasión lo dominará.

CAPÍTULO 4

LO QUE CUENTA ES EL CARÁCTER

Siempre es más fácil obtener que mantener. Obtener una posición en un equipo de béisbol es más fácil que mantenerla; pregúntele a cualquier jugador. Obtener el acceso a la sala de juntas de una compañía pública es más fácil que mantenerlo; pregúntele a cualquier ejecutivo exitoso. Obtener riquezas es más fácil que mantener un fuerte movimiento de efectivo en caja; pregunte a cualquiera que ha sido demandado alguna vez, a los hermanos Hunt o al dueño de cualquier negocio.

Existen muchos motivos para tener dificultad en mantener algo, pero yo le daré uno, porque es un principio importante: *Es posible para su talento llevarlo a un lugar donde su carácter no lo puede sostener.*

Dos talentosos atletas se convirtieron en estrellas al mismo tiempo. Los dos sufrieron un revés. Uno empezó de nuevo, reconstruyó su carácter de adentro hacia fuera, recobró su nivel deportivo, y eventualmente llevó a su equipo al campeonato. El otro atleta dependía solamente de su talento y, sin intentar reconstruir su carácter, todavía sufre la angustia de la vergüenza por su incapacidad de volver al campo deportivo. El carácter bueno y fuerte sostiene talentos y habilidades.

El carácter es siempre más importante que el talento. Las personas se comprometen con el carácter. No pueden comprometerse con el talento. Le ilustraré dándole la opción de escoger entre dos empleados: el primer empleado es talentoso, vuela a cumplir con su trabajo y alcanza sus metas, pero a menudo está ausente, llega tarde, anda en chismes con el resto del personal y crea tensión en la oficina. El otro empleado llega todos los días a tiempo, trabaja tenazmente, es dócil y aunque a veces no es muy rápido, siempre cumple con su trabajo. ¿A quién contrataría? El primero es lo que actualmente se llama en los negocios un "consultor", pero el segundo es el empleado fiel.

LA NATURALEZA DEL CARÁCTER

El carácter es una cualidad interior que se alimenta de fuentes externas. El carácter no tiene poderes creativos en sí mismo, ni poderes autocorrectivos. El mejor carácter está en la necesidad constante de revisiones y confrontaciones de afuera. Requiere el estímulo externo para que no falle en su desarrollo. El carácter se deteriora con el tiempo a menos que se alimente de fuentes externas. La pureza de las fuentes externas con las que el carácter se alimenta, determina su fortaleza.

Se dio la oportunidad a Jamal de administrar una compañía incipiente, sin embargo, se sentía incapaz de mantenerse al ritmo de los desafíos del crecimiento. Estaba determinado en avanzar hasta donde era posible y ahorrar tanto como fuera posible, así que se esmeró en su mejoramiento. Fue a la biblioteca y escogió las biografías y autobiografías de las personas que más admiraba. Leyó vorazmente, tomando nota de los principios por los que vivieron y los patrones que siguieron. Después de leer sobre aquellos a quienes conocía, leyó sobre aquellos de quienes nunca había oído hablar, y juntó resmas de papeles con apuntes de las palabras por las cuales vivir. Sus compañías nunca excedieron su carácter y, después de veinte años, el hombre está en la cima.

Los libros que lee y las personas a las que conoce son factores externos que programan su carácter. Por eso, usted puede deducir el carácter de una persona por las personas que le acompañan. Las malas compañías corrompen el buen carácter.

La calidad siempre se determina internamente, nunca externamente. Cuanto más barata la calidad interior de la mercancía, mayor será el brillo externo. El mobiliario barato de oficina se cubre con los acabados, pintura y laca. Pero en la oficina del ejecutivo con mobiliario de alta calidad, la madera es frotada para lucir su lustre interior.

Los cuchillos baratos tienen mangos plásticos pintados y débiles, hojas de metal encubiertas para hacerlos parecer auténticos. Un cuchillo de buena calidad tiene un llano mango de hueso con una hoja de acero inoxidable. Ambos solo necesitan ser pulidos para apreciar su belleza interior. La verdadera calidad en el material o en el carácter no necesita nada para cubrirlo. Lo que ve es lo que obtiene.

El principio es: mientras más barata la mercancía, mayor es el brillo. Es verdad en el mobiliario y los cuchillos, y también en los hombres y las mujeres. El buen carácter no requiere maquillaje, ninguna fachada, ningún resplandor o señal luminosa. Lo externo revela lo interno y el brillo interior se vislumbra.

LA VERDAD REINA EN EL CARÁCTER

Solo existe un fundamento moral, ético y verdadero para el buen carácter: la verdad. La verdad es la base inexpugnable e indestructible para su carácter. La manera de construir un buen carácter es basándose, como Jamal lo hizo, en sus creencias acerca de la humanidad, Dios, el deber y la verdad.

Las opiniones no hurtarán la verdad. La verdad debe buscarse, estudiarse, ser aprendida y ensayada para desarrollar un buen carácter. La verdad es la roca sobre la que construimos el buen carácter. Sin un buen carácter, todos los logros son efímeros.

Art tenía un negocio médico móvil. Era una nueva idea cuando empezó y tenía tremendo potencial para el crecimiento. En el primer año, él y su compañero superaron todas las metas y proyecciones que se habían trazado, y el futuro parecía brillante. Su compañero se convirtió en un avaro y Art, en lugar de tratar con él con la verdad, intentó conseguir cuanto dinero llegaba al negocio sin que su compañero supiera. Terminaron en la corte, los abogados se quedaron con el dinero. Es decir, los abogados y la competencia que simplemente copió la idea de manera sutil. Estos últimos la lanzaron nacionalmente y lograron un gran éxito.

La confianza se extiende al límite de la verdad y no más allá. Usted no puede confiar en un compañero que es deshonesto. No en los negocios, en el matrimonio, o en la vida pública. Cuando nuestros líderes nacionales o los medios de comunicación no dicen o muestran la verdad, ¿cómo puede confiarse en ellos? Confiar en una media verdad es confiar en una completa mentira. Los "factoides", verdades distorsionadas y pervertidas, impresas, en celuloide o digital, aun son falsedades. Son simples perspectivas personales dadas a expensas de la verdad.

Debemos aprender la verdad, meditar en ella, sostenerla como un estimado y apreciado tesoro, para desarrollar y mantener un carácter fuerte que se traduce en el orden social y en una sociedad pacífica donde vivir.

LAS MENTIRAS ASESINAN LA VERDAD

Las mentiras asesinan la verdad. Las mentiras, y todo lo que está moralmente equivocado, inconsistente con el buen carácter, y destructivo a la moral y a la sociedad, nunca puede ser correcto. Sin embargo, las mentiras saturan la sociedad de hoy.

"Tenemos licencia para mentir", sentenció un famoso abogado en un programa nacional de noticias. Las empresas de relaciones públicas impulsan el giro de las elecciones políticas y la declaración de la versión de "los hechos" que es, sobre todo, un eufemismo global para "mentir". Se premia a los sobrevivientes de los "reality shows" por burlarse unos de otros, sobre todo con mentiras, y 56 millones de espectadores se "enchufan" a estos programas. Solo un sobreviviente mantiene su palabra y el efecto es de total conmoción. Ya no esperamos que las personas guarden su palabra o digan la verdad. Para muchos, mentir es una forma de arte. ¿Y qué hay de malo en eso? ¿Por qué hacer de la honestidad una cuestión de derecho, en una sociedad dónde los líderes descarriados tergiversan sutilmente, entre otras cosas, el significado de la palabra "es"?

La honestidad es una cuestión de derecho, porque cuando la verdad se derrumba, la moralidad no tiene en qué sostenerse. El colapso de la verdad trae desastre social, económico, individual y corporativo. *Las personas y las naciones no son grandes en virtud de su riqueza, sino por la riqueza de su virtud.* El carácter individual y nacional se cimienta en la verdad.

El gobierno del Perú se estremeció ante el descubrimiento de sobornos y mentiras desde los oficiales más encumbrados hasta el legislador más humilde. El presidente renunció durante el embrollo, pero pocos eran los calificados para reemplazarlo, porque la red de los mafiosos era demasiado amplia.

En Las Filipinas eligieron a un líder carismático desprovisto de carácter; su talento pavimentó el camino de su elección, pero su carácter no pudo sostenerlo y se vio forzado a dimitir en desgracia. Así como Estados Unidos padeció durante la crisis de Watergate, estas naciones sufrieron el colapso de la verdad en las altas esferas del gobierno.

LA VERDAD RESISTE LA PRUEBA DEL TIEMPO

La verdad es la base inexpugnable e indestructible de una persona para el buen carácter. La verdad resiste la prueba del tiempo. Mi amigo Héctor es un ejemplo clásico. Él recuerda a su madre siendo desalojada de cada complejo de edificios públicos que ocuparon cuando era niño. Finalmente, Héctor salió de un atestado apartamento para buscar a su padre biológico. El hombre también estaba a su suerte, pero alojó a su hijo.

Un domingo, mientras almorzaban juntos, su padre le dijo: "Héctor, siempre debes ser el primero en llegar al trabajo y el último en salir, y no importa lo que pase, aun cuando tu trabajo dependa de ello, nunca en la vida digas una mentira. Si has cometido un error, enmiéndalo enseguida. Nunca intentes mentir para salir librado de algo".

Fue una experiencia memorable porque era lo mejor que el padre de Héctor podía hacer por su hijo en ese momento. Él tomó el consejo de su papá como un regalo precioso. Aun como adolescente, Héctor empezó a valerse por sí solo. Una empresa grande se fijó en el joven y lo contrató como gerente de un proyecto.

En el primer día del trabajo, el socio dijo: "Héctor, estas cinco casas tienen que estar listas en dos semanas y las familias instaladas en ellas". Héctor miró los inmuebles sin acabar y con una mano temblorosa marcó el número telefónico de su casa y le dijo a su esposa: "Corazón, no te veré durante varios días".

El trabajo parecía imposible para él, pero asumió que el socio sabía que podía ser hecho en el plazo que había dado. Héctor debía aprender lo que el socio había aprendido. Diseñó un horario de 24 horas para todas las cuadrillas y subcontratistas. Las familias se instalaron a tiempo. Un mes después, el socio vino a supervisar cómo le iba a Héctor.

"A propósito, ¿qué sucedió con esas cinco casas que estaban por terminar?", preguntó.

"Las familias se instalaron hace dos semanas, como usted dijo", respondió Héctor. El hombre insistió en ver las casas, e intentó ocultar su asombro y admiración por el trabajo que Héctor había realizado.

Unos días después, Héctor recibió una llamada. Los socios querían enviarle varios hombres para entrenar como gerentes de proyecto. Héctor intentó razonar, diciendo que todavía estaba aprendiendo el trabajo.

"Simplemente enséñeles lo que ya sabe", dijeron los socios y colgaron.

Los cinco hombres se hicieron experimentados gerentes de proyecto y pronto Héctor estaba trabajando en la oficina central. Durante tres años, Héctor continuó recibiendo promociones, pagos extraordinarios y aumentos. Cada vez que se entrevistaba con un socio mayoritario, significaba más dinero para él y su familia, hasta que un día los socios mayoritarios se pusieron serios. Sentados en un restaurante oscuro, con una taza de café, ellos le hicieron la pregunta de su vida.

"Necesitamos saber... si hubiere algo tremendamente malo, no solo un problema de la compañía, sino algo relacionado con algunos de nosotros, ¿estaría dispuesto a mentir por nosotros?".

Los próximos instantes parecían horas mientras Héctor buscaba una respuesta. Estos hombres confiaron en él, habían sido generosos, y él confió en ellos, también, ¿por qué no mentir para ellos? *"No importa lo que sea..."*, recordó la advertencia de su padre.

"No, señores, por mucho que los respeto, no podría mentir por ustedes", dijo. En su mente empezó a repasar el discurso que daría a su esposa para asegurarle que encontraría otro trabajo después de perder este.

"Héctor", dijo el hombre, mientras el corazón de Héctor latía fuertemente en su pecho y su mente rugía, "si usted hubiera dicho sí, nosotros siempre le hubiéramos mantenido empleado porque es un buen obrero. Pero como usted no mentirá, podemos hacerle una oferta que nunca podríamos hacerle a un mentiroso. Nos gustaría considerarlo como nuestro socio minoritario".

Héctor todavía trabaja en esa empresa hoy y está prosperando más de lo que jamás hubiera soñado, y más que cualquiera de los otros socios también.

Los socios mayoritarios supieron que su confianza podría extenderse hasta el límite de la verdad de Héctor. El comercio, industria y los negocios se logran por la confianza. El premio del fiel es más confianza.

Decir la verdad podría ser una de las cosas más difíciles que usted haga, pero una vez que lo hace, es una de las más estimulantes. El ensanchamiento de corazón, la libertad de la culpa y la ausencia de ansiedad bien merecen el precio de la incomodidad de un momento.

Ninguna mentira servirá a los propósitos de nadie para lograr la prosperidad. Lo que está equivocado, incoherente con el buen carácter, y es destructivo de la moralidad y la sociedad, no puede convertirse en algo correcto, no importa lo que sea. Cada uno de nosotros tiene la opción de adaptarse a la cultura alrededor de nosotros, que valora más la licencia para mentir que la libertad para caminar en la verdad. Pero al hacerlo, ayudaríamos a destruir el fundamento de nuestra sociedad.

La verdad siempre está bien y la mentira siempre está mal. La verdad debe ocupar el mismo centro que nuestros seres queridos, nuestro corazón de corazones. La verdad siempre es correcta, y una mentira siempre está equivocada. Cualquier falsedad es inmoral en el plano personal e ilegítima por razones sociales. No hay nada fiel, estable o bueno en una persona que miente. Una persona que escoge creer las mentiras cuando conoce la verdad en el corazón, es necia.

¡ES EL CORAZÓN!

El gerente de la compañía del presidente Clinton, James Carville, determinó que una cosa ganaría la elección, y dijo las famosas palabras: "¡Es la economía, tonto!" Cuando se trata de ganar en la vida, el corazón viene primero. ¡Es el corazón!

Su corazón puede creer lo que su mente no puede concebir. Cuando usted sueña, escribe su visión, apuesta a sus fortalezas, e intenta creer que va a prosperar, es su corazón quien lo sostendrá o lo condenará. El asesinato empieza en el corazón. El adulterio empieza en el corazón. La prosperidad empieza en el corazón. La riqueza empieza en el corazón. La prueba fuerte del carácter está en su corazón.

Lo que usted piensa en su corazón determina en lo que se convierte. Cualquier cosa en la que usted medite, se enfoque o se concentre, eventualmente caerá de su cabeza a su corazón. Cualquier cosa que vaya de su mente a su corazón determina el curso de su vida porque es de su corazón donde surgen las soluciones de la vida. Lo que está en su corazón le traerá maldición o bendición; pobreza o prosperidad.

En el vientre, nuestros corazones se crean primero, luego nuestras mentes. Nuestros corazones tienen sus propios recuerdos que son más profundos que nuestras mentes. Si nuestras mentes son los motores fuera de borda, nuestros corazones son los equipos de navegación. ¿Por qué obedeció Héctor la instrucción de su padre quince años después? Porque su padre había hablado a su corazón.

Nuestros pensamientos importan. Nuestro credo es vital. Nuestras creencias son básicas. Todo esto alimenta nuestro corazón y lo programa para impulsarnos hacia la prosperidad, y crear lo que nuestras mentes no pueden concebir.

La verdad es la norma o base para el buen carácter. Es lo único absoluto. Ningún carácter, sólido e inexpugnable, puede construirse sobre otro fundamento que no sea la verdad. Puede destruir su personalidad, pero construya su carácter. *Y un día, cuando el encanto desaparezca, no tendrá nada más que su carácter. ¡Está en el corazón!*

- Siempre es más fácil obtener que mantener.
- Es posible que su talento lo lleve a un lugar donde su carácter no lo puede sostener.
- El carácter siempre es más importante que el talento.
- Las personas pueden comprometer el carácter. No pueden comprometer el talento.
- La pureza de las fuentes externas, de las que se alimenta el carácter, determina su fortaleza.
- Puede saber el carácter de una persona por la compañía que él o ella dirige.
- Las malas compañías corrompen el buen carácter.
- La calidad siempre se determina internamente, nunca externamente.
- Mientras más barata es la mercancía, mayor es el brillo.

- Solo existe un fundamento moral, ético, y verdadero para el buen carácter: la verdad.
- La confianza se extiende hasta el límite de la verdad, y no más allá.
- Confiar en una media verdad es confiar en una completa mentira.
- Cuando la verdad se derrumba, la moral no tiene nada en qué sostenerse.
- Las personas y las naciones no son grandes en virtud de su riqueza, sino por la riqueza de sus virtudes.
- El premio del fiel es más confianza.
- La verdad siempre es correcta, y la mentira siempre está equivocada.
- Su corazón puede creer lo que su mente no puede concebir.
- Lo que usted piensa en su corazón determina en lo que usted se convierte.
- Usted puede destruir su personalidad, pero construir su carácter.
- Cuando el encanto desaparezca, no tendrá nada más que su carácter.
- Todo está en el corazón.

CAPÍTULO 5

LA NATURALEZA DEL DINERO

"Muchas personas compran cosas que no necesitan, con dinero que no tienen, para impresionar a las personas a quienes no les agradan".
–*Émile Henri Gauvreau,* periodista norteamericano

Varias personas famosas han hecho suyas esta afirmación, luego de su autor original. Es muy acertada. El uso de su dinero revela más sobre su carácter que cualquier otra cosa. Si quiere ver dónde está su corazón, abra su talonario de cheques. Podrá intentar convencer a su cónyuge de su amor, pero su talonario de cheques dirá la verdad.

El dinero representa su vida. Usted da su tiempo, talento, educación y experiencia, y a cambio recibe dinero. El dinero que recibe representa su tiempo, talento, educación y experiencia. Eso significa que la manera en que gasta su dinero muestra lo que hace con su vida. Si quiere que su vida valga, haga que su dinero valga. *Domine los principios que dominan el dinero.*

LA ÉTICA DE SU TRABAJO

La tradicional ética del trabajo norteamericano puede resumirse en una frase: *si usted no trabaja, no come.* La ética del trabajo está amenazada hoy por la fascinación y la preocupación por las apuestas. Intentar hacerse rico rápidamente es una ilusión. Muchos ganadores de la lotería están arruinados en cuatro años. ¿Por qué? Porque es más fácil obtener que mantener. Reunir nuestra fortuna despacio nos permite tener el tiempo para aprender a manejar esa fortuna. Si ganamos de la noche a la mañana, con un contrato grande, en un juego de cartas o con el rodar de los dados, no hemos dominado las habilidades necesarias para mantener nuestras nuevas riquezas.

Después de los fracasos de algunas compañías que buscaron dinero en efectivo instantáneo, en lugar de producir, los expertos salieron con un mensaje claro para la industria: producir. Algunas compañías se mantenían con el dinero de los inversionistas y no tenían un producto que generara dinero. La rentabilidad es la prioridad en los negocios y atender adecuadamente al cliente es la forma número uno de obtener rentabilidad.

Aprenda a satisfacer una necesidad y el dinero le seguirá. El principio es: el dinero sigue al ministerio. Durante la Gran Depresión, las personas hacían colas durante horas solo por el privilegio de comer en cocinas populares. Un hombre ingenioso comprendió que necesitaban pasar el tiempo. Recogió astillas de madera e inventó un juego de palabras llamado *Scrabble* que, aun hoy, es un favorito en la mayoría de las casas norteamericanas. Su fortuna siguió a su habilidad de ver y satisfacer una necesidad.

En ventas, nunca está vendiendo un producto, sino respondiendo a una necesidad. Hace años, en una convención de una aseguradora grande, oí a un viejo vendedor de seguros rurales. Una leyenda en la compañía dio el patrón que había seguido durante años: "Solo permito que las personas hablen. Cuando terminan, les pido que firmen el papel". Las personas le dirán sus necesidades, entonces satisfágalas.

LA MALDICIÓN DE LA POBREZA

La pobreza es una maldición. Si alimentamos nuestras mentes y corazones, y programamos nuestros caracteres con la verdad y palabras alentadoras, nuestros corazones y mentes empezarán a prosperar y la prosperidad financiera externa vendrá.

Antes mencioné a Gladys, la exitosa corredora de bienes raíces. Gladys, tenedora de libros y madre de tres muchachos, tenía un sueño. Cuando meditó, debido a su lectura de libros inspiradores, dispuso su corazón para las "tres E": Energía, Entusiasmo y Eficacia. Gladys eliminó conscientemente lo negativo, hizo amistades inspiradoras, recitó afirmaciones, escribió su visión y repasó sus metas. Además, cambió su dieta, adoptó un régimen de ejercicios, se relajó más a menudo y se aseguró de reírse con frecuencia.

Lanzándose en una nueva carrera, Gladys tomó una decisión, consciente, de ser entusiasta y crear un ambiente contagioso. Ella se comprometió consigo misma "a hacer lo correcto la primera vez" y utilizar su tiempo eficazmente. Gladys podría haber aplicado sus "tres E" en cualquier negocio y hubiera tenido éxito. Antes de que ella tuviera éxito en el negocio, ella obtuvo éxito en su corazón. Su corazón prosperó primero.

La pobreza salta del corazón. Las personas que acumulan dinero viven en la pobreza, sin tener en cuenta cuánto dinero tienen. Temer el futuro y pensar egoístamente produce un espíritu de pobreza que ninguna cantidad de dinero puede superar. Los avaros no están esperando tener una cierta suma y luego salir y disfrutarla. Aun cuando logren sus metas financieras, seguirán acumulando lo ganado. *Amar el dinero asegura que usted nunca tendrá el dinero suficiente.*

La pobreza está primero en el corazón, luego en las finanzas. La prosperidad duradera está primero en el corazón, luego en las finanzas.

ESCLAVITUD MODERNA

La pobreza se está promoviendo y propagando en la sociedad con el "crédito fácil" que nos ha esclavizado a la deuda.

La deuda puede definirse como cualquier pago que está retrasado o, mejor, como algo que debemos, punto. Pedir prestado no siempre está mal, pero prestar es mejor. Pedir prestado para avalar a otra persona es igual que pedir prestado, avalar nos hace esclavos de la deuda de otra persona.

Algunas de las personas más adineradas que conozco dicen que si se maneja la deuda, todo lo demás caerá por su propia cuenta. Manejar una deuda es una disciplina. Requiere controlar nuestros apetitos y emociones. La buena gestión de una deuda proviene de dominar nuestras pasiones, en lugar de permitir que las pasiones nos dominen.

La deuda se ha convertido en una forma moderna de esclavitud. Ya no somos libres de escoger, sino que debemos quedarnos en un trabajo, o dos, o tres, para honrar nuestra deuda. Los deudores se convierten en esclavos de su deuda. Los deudores son esclavos de los prestamistas.

La deuda es un "mal estructural" en nuestras vidas de hoy. Los "males estructurales" se crean cuando todo un grupo cae en una tentación en particular. Las tentaciones para hacer el mal superficialmente prometen servir y complacer, pero solo desean esclavizar y dominar. Cuando el placer se ha ido, las consecuencias pueden durar para toda la vida, o la eternidad.

El marxismo comunista era un mal estructural. El encanto del comunismo era acabar con el control de un escaso grupo privilegiado, acabar con la pobreza, las clases sociales y la disputa resultante. Ese era el encanto. Pero los objetivos ocultos del marxismo eran eliminar el derecho a la propiedad privada, disolver la unidad familiar y destruir los valores religiosos. Para abreviar, el comunismo fue destinado para colocar a las personas en esclavitud.

De la misma manera, la deuda es un mal estructural. El encanto de la deuda es el plan de pago fácil, la facilidad de tener lo que nosotros queremos ahora y pagar después. Es cómodo para nosotros, y lo que compramos nos da un sentimiento de alivio y bienestar. Cuando adquirimos algo a plazos o usando las tarjetas de crédito, no vemos las consecuencias de nuestra decisión, solo su placer. Como sociedad, hemos condonado deudas, emitido leyes sobre ellas y hemos creado un orden social entero basado en la deuda. Aunque es legal, la deuda es una manera difícil de vivir. Vivir prósperamente es vivir libre de deudas.

LA CONVERSIÓN DE LA MENTALIDAD DEL DEUDOR

Conversión no es una palabra religiosa. La conversión se lleva a cabo en cada área de la vida. Usted se formó en el vientre de su madre en agua y oscuridad, pero a través del milagro del nacimiento, emergió para vivir en el aire y la luz. Su vida empieza con un milagro de transformación, una conversión.

De la misma manera, las personas son negativas por naturaleza y tienen que ser convertidas a lo positivo. No tenemos que enseñarle a un niño a decir, "no" y "mío". Cuando el niño crece, sus padres tienen que convertirlo de lo negativo a lo positivo. Todo buen vendedor sabe que "no" siempre es la primera respuesta, y esa respuesta debe ser convertida a un "sí".

La deuda y la pobreza son negativas. La prosperidad es positiva. No necesitamos fórmulas hacedoras de ricos u otra serie motivadora; solo necesitamos ser convertidos.

Después de convertidos, encontraremos deudas a lo largo de nuestras vidas en muchas formas extrañas. Un día entré a la casa de mi hijo para mirar el fútbol, y allí en el sofá estaba una pareja de la que yo me había distanciado alguna vez, en pésimas condiciones. Después de unos minutos, comprendí que les debía algo, así que invité al marido a seguirme a una habitación lateral y lo miré de frente a los ojos.

"Te debo una disculpa por todo lo que hice para ofenderte", le dije. Luego hice lo mismo con su esposa. No importa cómo respondieron –aunque renovamos nuestra amistad– en ese momento fui convertido de la mentalidad de un deudor, a un nuevo pensamiento de prosperidad y promesa.

Le conté la historia a un amigo en el sur de California que estaba teniendo dificultades con su hijo. Acababa de regresar de una cita con el consejero, donde su hijo lo había señalado y acusado con brusquedad: "¡Él me debe!". Mi amigo le había prometido a su hijo en dos ocasiones ir de campamento, pero los negocios le habían impedido cumplir su palabra. Mi amigo tenía que pagar la deuda a su hijo de modo que su relación pudiera prosperar.

LA SABIDURÍA LE DA LA ESTRATEGIA

Vivimos en una cultura de deuda. Para superar los efectos negativos de las deudas, debemos ser lo suficientemente poderosos para apartarnos de la cultura alrededor de nosotros. Necesitamos sabiduría y una estrategia para liberarnos en victoria. Las personas quieren ganarle la batalla a las deudas, pero todo empieza con sabiduría y luego, una estrategia. Es sabio no incurrir en más deudas, hacer sacrificios, pagar en efectivo, y celebrar cada deuda pagada. Los principios nos dan la sabiduría, nosotros desarrollamos la estrategia.

Mis amigos David y Bárbara tenían un negocio para el cual habían hecho un préstamo para comprar equipos; también tenían una hipoteca en su casa. Pero como pagaban todo lo demás en efectivo, no se consideraban endeudados. En una conferencia, un orador dijo que él no debía nada a nadie, y esa sabiduría iluminó a David y Bárbara; aunque ellos estaban prosperando de muchas maneras, todavía tenían deudas.

Inmediatamente empezaron a buscar la sabiduría que les daría una estrategia. Mientras lo estaban discutiendo, surgió un contrato grande y Bárbara comprendió que, si ellos recortaban toda salida de dinero durante unos meses, podrían usar la ganancia entera para pagar su préstamo de equipos. Así lo hicieron. El dinero extra en efectivo que quedaba cada mes, y que antes había sido destinado para los pagos, les permitió relajarse un poco, hasta que unos meses después, apareció otro gran contrato. Nuevamente, disminuyeron sus gastos, recortaron todos los egresos y usaron toda la ganancia para pagar una parte de la hipoteca. Luego de un año, estaban completamente libres de su deuda. A través de la sabiduría, desarrollaron una estrategia y ahora viven en victoria.

Cada nivel de vida se logra en una relación de incremento. Las deudas, "los arriendos inteligentes" y "los planes del pago fácil" lo esclavizarán. Celebre la muerte de cada deuda, le impulsará a la prosperidad. *Empiece con sabiduría, desarrolle una estrategia y verá una victoria.*

MAYORDOMÍA

Su vida puede resumirse en tres palabras: *mayordomía, relación, liderazgo.* Usted no es dueño de lo que posee. Solo es un mayordomo. Usted no posee el amor de su cónyuge, ni el afecto de sus niños, o el respeto de sus amigos. Solo es un mayordomo. Todo lo que tiene hoy está sujeto al cambio. Y si usted es un mal mayordomo, cambiará.

Una famosa cantante de pop pensó que había logrado el pináculo de su profesión y que podía hacer lo que quería. Faltaba a sus presentaciones, se negaba a las entrevistas, era ruda con sus fanáticos y exigía servicios especiales. Su carrera declinó, fue eventualmente eclipsada y perdió todo. Una esposa abusó de su marido, no apreció sus talentos y trabajo, y perdió su amor. Un padre nunca se dio tiempo para sus hijos, dependía de los informes de su esposa para saber de ellos, y falló en la relación con sus hijos. Todos son ejemplos de mala mayordomía.

La mayordomía es importante en cada área de la vida, ninguna más que sus finanzas. Uno de los más grandes errores que tenemos en la mayordomía está en nuestro dar. El principio es "Los dadores ganan". Suze Orman es una gurú financiera para muchos. Ella enseña que el dar es una fuente de poder y uno de los medios para lograr el éxito personal. Las personas la siguen porque descubren que es verdad. Los dadores ganan.

"Dad, y se os dará" (Lucas 6:38, RVR) es uno de los versículos bíblicos más poderosos que usted debe comprometerse a memorizar. Puede pensar: "En cuanto esté libre de deudas, empezaré a dar". Una vida libre de deudas le permite dar más, pero si nunca empieza a dar, nunca empezará a recibir. *Tiene que dar antes de que pueda recibir.*

Emil y Julia son un gran ejemplo. Se lanzaron a hacer un negocio con un plan y metas escritas. Obtuvieron un pequeño préstamo, y tuvieron un entrenamiento asistido para poder lanzar su nueva empresa. En privado, decidieron dar en base a sus metas, no a sus ingresos. Al principio, su nivel de dar deprimió su nivel de vida, pero se mantuvieron fieles a su estrategia. Al final del primer año, alcanzaron sus metas financieras y estaban listos para más. Incrementaron sus metas y su dar cada año, y pronto pagaron sus préstamos y prosperaron. El dar les permitió ganar.

CÓMO Y DÓNDE DAR

Las personas tropiezan con su dar porque se preocupan en cómo se usará el dinero. Como con cualquier inversión, debe investigar sobre la organización o las personas a quienes está dando, pero una vez que lo hace, debe dejarlo ir. Si realmente da, no se preocupará por lo que hacen con el dinero.

Dos principios fáciles le ayudarán a decidir cómo dar. El primero es dar de sí mismo. Si su compañía realiza entregas de caridad y usted puede controlarlas, eso es un gran y noble trabajo, pero que no sea la única vía de dar. Entregue dinero de su propio bolsillo para otros. Segundo, cuide de su familia.

Les conté sobre John, quien cambió de carrera y prosperó después de hacer un cambio en la forma que administraba el dinero. El cambio fue tan simple, que sus resultados son asombrosos. Él estaba dando a su iglesia local y sentía que cumplía con su deber, pero una tarde leyó que debía cuidar de su propia familia antes de aumentar sus dádivas, incluso a Dios. John y su esposa lo conversaron y se pusieron de acuerdo en enviar un cheque a sus padres. Los meses pasaron y sus finanzas mejoraron de tal manera, que pudieron enviar un cheque también a los padres de ella. Con el transcurrir de los años, han podido dar cientos de veces más, de aquello que entregaban a su iglesia al principio, y han podido estabilizarse rápidamente; todo ello, al continuar con el principio que al inicio les abrió el poder de la prosperidad.

La historia de Héctor es ligeramente diferente. Héctor oyó la historia de John y comprendió la verdad de que nunca había dado a su madre empobrecida. Recuerde que esta era una mujer que había sido expulsada a puntapiés de todos sus alojamientos durante toda su vida adulta. Intentando ser un buen hijo, Héctor le había comprado algunas cosas para aliviar sus circunstancias, pero nunca le había dado dinero. Ella siempre había sentido el rechazo de él cuando se alejó de ella en su niñez, y ahora sentía su control cuando regresó a ayudarla. Héctor cambió eso y empezó a enviarle cheques sin ninguna atadura. Al principio no tuvo noticias de ella, pero pronto ella regresó a estar cerca de su hijo. Hoy en día tienen una relación verdaderamente próspera, por primera vez en sus vidas.

Recuerde que el amor es el deseo de beneficiar a otros, aun a expensas de uno mismo. Mayor fatalidad que una persona que no ve una necesidad, es la persona que la ve y no puede hacer nada para solucionarla. Pero es peor aun cuando la persona ve la necesidad, puede hacer algo, pero no lo hace.

Dos cosas siempre hacen felices a las personas: recibir un regalo de alguien y dar algo a alguien. ¡Usted puede controlar solo una de estas dos cosas, así que ejercite su poder de elección y empiece a dar! La grandeza del corazón permite agrandar su negocio.

El equipo de béisbol Los Padres de San Diego, McDonald's y las tiendas Target son ejemplos de compañías que han aprendido a dar. Dan a la comunidad, construyen relaciones y lazos con sus clientes que no podrían constituirse de otra forma. Después de los disturbios de Los Ángeles, la franquicia McDonald's fue uno de los primeros negocios en volver a abrir sus puertas porque sufrieron el menor daño. ¿Por qué? Porque la comunidad se siente comprometida con ellos debido a sus beneficios, como los programas que se llevan a cabo después de la escuela y otras ayudas locales.

Dé a través de su hospitalidad. Dé a los pobres. Dé a su familia. Dé a las viudas. Dé alimentos a las naciones hambrientas. Dé a aquellos que le enseñan. ¡Separe una porción de su dinero y simplemente dé!

LO QUE GANAN LOS DADORES

Los dadores ganan financieramente, pero también ganan intangibles. *Su preocupación por otros es la medida de su grandeza.* Las personas intentan ser grandes en algo, sin darse cuenta de que la grandeza se mide por el servicio. Lo que hizo grandes a los fabricantes de autos americanos, durante años, fue el número de clientes a quienes sirvieron. La compañía de computadoras Dell no fue grande hasta que su servicio al cliente se hizo notar y su base de clientes aumentó. Su preocupación por otros los hizo grandes.

Usted gana dando lo que no puede comprar con dinero. El dinero no puede comprarle grandeza, respeto, prosperidad o bienestar. Pero dando, puede ganar los cuatro.

El negocio de Jamal sobrepasó las posibilidades de su sistema y las cosas se aglomeraron en su centro de trabajo. Jamal era un dador, y aun cuando tenía la necesidad de consumir todos sus recursos, continuó dando. Un gran edificio de oficinas había estado abandonado por algunos años. De vez en cuando, Jamal pasaba por allí con su coche, hasta que un día vio el aviso de una agencia de arrendamiento que estaba intentando reflotar el edificio y convertirlo en modernas oficinas para ejecutivos. Cuando Jamal acudió a los agentes de arrendamiento, estos se mostraron ansiosos de que el negocio de Jamal ocupara parte del edificio, porque necesitaban que alguien impulsara la ocupación de las demás oficinas.

Jamal sabía que no podía darse el lujo de ocupar esas oficinas, así que regresó a casa. La imagen del edificio lo asediaba, se sentó a hacer una lista de lo que él consideró ser el sol, la luna y las estrellas: un total de 27 demandas que exigía para instalarse. Una era una renta libre por cierto período de tiempo. Les entregó la lista y no pudo evitar sobresaltarse cuando ni siquiera pestañearon y aceptaron todas sus demandas. Jamal ganó dando lo que no podría controlar, ni comprar, con su dinero.

EL ARDID DE RECIBIR

"Es más bendición dar que recibir", se cita siempre, pero, rutinariamente, se interpreta muy mal. Dar conlleva recibir. Así, si usted da y recibe, ambos son más bendición que solo recibir. Pero recibir es un ardid en sí mismo.

Don terminó la universidad con el objetivo de convertirse en pobre. Creía que las personas adineradas eran malas y las pobres eran buenas, y quería ser bueno, por lo tanto, tenía que ser pobre. Regaló cuanta cosa recibía, pero cuanto más lo hacía, más obtenía. Finalmente, Don tomó a su joven novia y partieron a una tierra empobrecida para ayudar a otros; pero igual, allí no podía escapar de que las cosas cayeran en su regazo. Casualmente se dio cuenta de que si él tenía algo podía ayudar a más personas, que no teniendo nada. Así que empezó a recibir lo que le ofrecían. Don corrigió su mentalidad de pobreza y se convirtió en millonario, pero nunca se alejó de los principios que le trajeron prosperidad, y todavía es hoy una de las personas más generosas que conozco.

Don tropezó con dos principios. Primero, los dadores ganan. Segundo, recibir es tan importante como creer. Usted puede ejercitar la fe y creer que sus sueños se harán realidad, pero si es incapaz, o no tiene la voluntad, de recibir los medios por los que se harán realidad, nunca tendrá éxito. Una vez que Don recibió lo que se le daba, prosperó.

Recibir es tan importante como creer. Las respuestas para sus necesidades siempre vendrán a través de las personas. Negándose a las personas, o siendo demasiado orgulloso para aceptar su ayuda, saboteará el éxito. Quién puede olvidarse de los protagonistas de la famosa novela de Jane Austen, *Orgullo y prejuicio,*[5] que perdieron tantas oportunidades para el romance. Prejuzgaron cómo vendría el amor y eran demasiado orgullosos para aceptar la manera en que vino, y fallaron. Una vez que se tragaron el orgullo y superaron su prejuicio, tuvieron éxito. Será lo mismo para usted cuando aprenda a recibir, a aceptar, que sus respuestas vendrán a través de las personas.

¡DOTADO PARA PROSPERAR!

Ser fiel en su mayordomía es un premio en sí mismo. Si es fiel en lo poco, será fiel en lo mucho. Usted califica para más por cómo trata con lo menos. Si no es fiel donde está, no puede avanzar más allá.

Un principio es que, si es fiel con lo que pertenece a otro, califica para tener lo suyo propio. Las personas que quieren lanzar sus propios negocios, pero son infieles mientras trabajan para otros, descalifican para tener éxito en su propia

5. Ver, por ejemplo, Penguin Clásicos, 31 de octubre de 2017.

empresa. El refrán dice: "Lo que viene, se devuelve". La Palabra sentencia: "Se cosecha lo que se siembra".[6] Dígalo como quiera; es verdad.

Digamos que es fiel en la mayordomía. Ahora necesita saber que prosperar financieramente no se reduce a cuánto ahorra o cuánto gasta, sino en cuánto invierte. *El principio de invertir es que, por uso, usted posee y gana; por desuso, se mengua y pierde.*

Mi yerno, Richard, trabaja y se disciplina regularmente para mantenerse en forma, más que la mayoría de los hombres de su edad. Pero si Richard consiguiera el cuerpo que desea y luego lo protegiera quedándose dentro de su casa, lo cubriera con una bata y lo escondiera para que no se le estropee, perdería todo lo que habría ganado en el gimnasio. Por otro lado, si él continúa usando su cuerpo, ganará más aún. Es lo mismo con el dinero.

Úselo y obtendrá ganancias de él. Es verdad con el amor, la fe, su cuerpo, cada virtud y hasta con el dinero. Alegremente decimos "úselo o piérdalo". Las matemáticas divinas empezaron en el Jardín del Edén con una orden a Adán para multiplicarse. Las matemáticas con el propósito de crecimiento e incremento, no se refieren a sumar sino a multiplicar. Se suma ahorrando, pero se multiplica invirtiendo. Invertir simplemente es ganar haciendo un negocio. Darle el mejor uso al dinero es usarlo.

H. Ross Perot dijo una vez que él no tenía un solo dólar que no estuviese trabajando para él. Si se tiene en cuenta su

6. Paráfrasis del autor de Gálatas 6:7.

fortuna, es algo imposible de no creer. Usted gana ahorrando, pero multiplica invirtiendo.

Estos principios lo guiarán en sus inversiones:

1. Invierta en las personas. Cuando usted invierta, nunca invierta en una compañía, corporación o negocio, sino siempre en la persona quien lo dirige. Invertir es personal. Invierta en la persona. Investigue quién dirige la compañía antes de invertir su vida o su dinero. Los corredores de bolsa influyen para que las personas inviertan según como otros ya han invertido, nunca vendiéndose ellos mismos al inversionista. Las personas tienen fe en otros inversionistas, pero la empresa se derrumba debido al hombre que la dirige. En esa persona está usted invirtiendo.
2. Antes de invertir, investigue.
3. Arriesgue, no apueste.
4. Debe estar por escrito. Conocí a dos hombres que fueron socios por más de veinticinco años y nunca tuvieron un desacuerdo porque todo lo que hacían, lo hacían por escrito. Tómese el tiempo de escribirlo.
5. No viva con la muerte. Si pierde una inversión, entiérrela.
6. Invierta en productores. Los gerentes de primera clase contratan a personas de primera clase. Los gerentes de segunda clase contratan a personas de

tercera clase. Apueste por primera clase. Apueste por los que producen.

7. Las sombras son más feroces que la realidad. No evite la realidad por temor a lo que otros puedan pensar o hacer. Enfoque un reflector a las sombras oscuras y encuentre la verdad.
8. Los fondos vienen de los amigos. Esté interesado en hacer amigos, no solo clientes o consumidores.
9. Invierta su vida para su mejora. Cualquier inversión que haga siempre será una inversión de sí mismo.
10. No se rinda.

Cuando se trata de dinero, tiene que empezar en alguna parte. Nunca experimentará la libertad financiera hasta que no aprenda a vivir sin deudas. Pero nunca estará libre de deudas hasta que no aprenda a dar. Sea fiel en las cosas que son de otros, y empiece a invertir. El principio es, siembre para el futuro, y coseche del pasado. Haga que su futuro sea brillante poniendo los patrones en movimiento.

- Muchas personas compran cosas que no necesitan, con dinero que no tienen, para impresionar a las personas a quienes no agradan.
- El uso de su dinero revela más sobre su carácter que cualquier otra cosa.
- Cómo gasta su dinero muestra lo que usted hace con su vida.

- Domine los principios que dominan el dinero.
- Si no trabaja, no come.
- El dinero sigue al ministerio.
- La pobreza financiera se desprende de la pobreza espiritual del corazón.
- Amar el dinero le asegurará que nunca tendrá dinero suficiente.
- La prosperidad está primero en el corazón, luego en las finanzas.
- Las deudas se han convertido en una moderna forma de esclavitud.
- Superficialmente, las tentaciones siempre prometen servir y brindan placer, pero solo logran esclavizar y dominar.
- Las personas son negativas por naturaleza y tienen que ser convertidas a lo positivo.
- Cada nivel de vida se logra por incremento.
- Empiece con la sabiduría, desarrolle una estrategia y verá una victoria.
- Su vida puede resumirse en tres palabras: mayordomía, relación y liderazgo.
- Usted no es dueño de lo que posee. Solo es el mayordomo.
- Los dadores ganan.

- Tiene que dar antes de que pueda recibir.
- Entregue de sí.
- Mayor fatalidad que una persona que no ve una necesidad, es la que la ve y no puede hacer nada.
- Pero es peor si la persona ve la necesidad, puede hacer algo y no hace nada al respecto.
- La grandeza del corazón permite agrandar su negocio.
- La preocupación por otros es la medida de su grandeza.
- Dando usted gana lo que no puede comprar con el dinero.
- Recibir es tan importante como creer.
- Las respuestas a sus necesidades siempre vendrán a través de las personas.
- Si es fiel en lo poco, será fiel en lo mucho.
- Si es fiel con lo que le pertenece a otro, calificará para tener lo propio.
- Cosechamos lo que sembramos.
- Por el uso, usted posee y gana; por el desuso, se mengua y pierde.
- Invertir es ganar haciendo negocios.
- Úselo o piérdalo.
- Sume ahorrando, pero multiplique invirtiendo.

- Cuando invierta, nunca invierta en una compañía, corporación o negocio, sino siempre en la persona quien lo dirige.
- Siembre para el futuro y coseche del pasado.

CAPÍTULO 6

MANTENGA LO QUE OBTIENE

La fama puede llegar en un momento, pero la grandeza viene con los años. Algunos de los más grandes atletas, políticos, músicos, comediantes, educadores, científicos y líderes en nuestro país han colapsado; hombres y mujeres que fueron venerados y elogiados en su momento de fama. ¿Cómo puede evitar el destino de ellos?

Los tres requisitos más importantes para el éxito son: *planifique sabiamente, use el sentido común y sea fuerte en lo que usted sabe que es lo correcto*. Consiga ayuda de otros en cualquiera de estos tres ámbitos.

Los consejeros determinan el destino de los reyes. En épocas pasadas, antes de que los reyes salieran a la guerra, buscaban consejo. Un rey anciano buscó el consejo de las personas que habían trabajado con su padre y habían conocido el éxito de aquel. También consultó con aquellos que llegaron al poder junto con él y estaban buscando posiciones en el reino; le dieron su consejo basado no en lo que era bueno para el rey, sino en lo que era bueno para ellos. El rey siguió su consejo y dividió la nación, perdiendo la parte mayor de ella.

Una debilidad común en las personas es siempre pensar que otros tienen la razón o que son más inteligentes. ¡No lo son! "Ellos" pueden ser peligrosos si se les escucha sin entendimiento. Busque consejo, orientación y sabiduría, pero asegúrese de averiguar lo que "ellos" han hecho, cómo lo han hecho y lo que han aprendido. Se puede confiar en muchos consejeros, especialmente si han estado donde usted está ahora y han aprendido lo que usted necesita saber.

Cuando usted permite a las personas influir en sus decisiones, debe conocer su ascendencia.

No todo lo que las personas le dicen merece ser oído. Si no tienen en su mente el bienestar suyo, esas palabras pueden envenenar su pensamiento, particularmente si lo que dicen es negativo por naturaleza. Cállelos o sus palabras pueden derrumbarlo. Tomarse el tiempo para escuchar demuestra respeto por los demás. Escuchar a los necios demuestra falta de respeto por nosotros mismos.

Nunca se es demasiado viejo para buscar consejo. "Mejor es el muchacho pobre y sabio, que el rey viejo y necio que no admite consejos" (Eclesiastés 4:13, RVR), declara el proverbio de Salomón. Pensar que lo sabe todo es el inicio de su ruina.

LAS RELACIONES

Lo dije antes; su vida puede resumirse en tres palabras: mayordomía, relaciones y liderazgo. Hablamos sobre la mayordomía, ahora fijémonos en las relaciones. La comunicación es la base para las relaciones. Si no nos comunicamos, no podemos relacionarnos.

Ronald Reagan fue conocido como "El gran comunicador". Los expertos políticos dijeron que las habilidades del Presidente Clinton superaron a las de Reagan. A Reagan se le llamó el presidente "teflón", por su manera de reaccionar a la crítica, y a Clinton se le conoció como el "El chico del regreso" por sus muchos regresos después de sus grandes fracasos. Aun separados por millas de ideologías, sus habilidades de comunicación permitieron que los individuos se relacionaran con ellos, y ambos fueron presidentes durante dos periodos.

Escuchar es el arte básico de la comunicación. Usted no tiene éxito en la vida por su habilidad de hablar, sino por su habilidad de escuchar. El vendedor más pobre del mundo siempre habla más allá del punto de venta. Mientras más palabras hablemos, menos significarán. ¿Recuerda al legendario vendedor de seguros? Perfeccionó al arte de vender perfeccionando el arte de escuchar.

El arte de la comunicación no se basa en hablar, sino en escuchar. La prosperidad y el éxito no se basan en lo que se dice, sino en lo que se oye. Escuchar tiene el poder de sanar. Un hombre irresistible para una mujer es aquel que es un buen oyente. Los niños se frustran cuando mamá y papá no tienen tiempo para escuchar. Las tres áreas comunes que impiden prosperidad entre esposos son comunicación, sexo y dinero.

La fórmula del éxito en el sector inmobiliario es "localización, localización, localización". La fórmula para el éxito en las relaciones, incluidas las empresas y la familia, es "comunicación, comunicación, comunicación". *Si no nos comunicamos, no podemos relacionarnos.*

La violencia doméstica y la violencia en el lugar de trabajo están en aumento. La violencia solo ocurre cuando no hay habilidad de comunicarse. La comunicación madura resolverá el conflicto. Razonar trae acuerdos sobre los problemas difíciles. La comunicación confiable permite el progreso. La información inestable causa zozobra en el sistema entero.

Aprenda a relacionarse aprendiendo a escuchar. Las relaciones preceden al éxito en los negocios. No permita que su lugar de trabajo se convierta en su escondite. Vaya a casa y también relaciónese. Nadie dijo en su lecho de muerte que su único pesar fue no haber empleado más tiempo en la oficina.

Mayordomía, relaciones y liderazgo.

LIDERAZGO

El propósito del liderazgo es influenciar. *Los líderes se determinan a influenciar, los seguidores lo consiguen por accidente.* Existen tres fundamentos sobre los que se construyen las habilidades del liderazgo: carácter, integridad e influencia. No influimos en las industrias o naciones, solo influimos en las personas.

La influencia es una de las mercancías más valiosas en la vida. Es sabio usarla, pero criminal venderla. Se emplea más dinero en las influencias que en cualquier otra mercancía: campañas políticas, cabildeo, medios de comunicación, religión, para nombrar algunas.

Como líder, debe escoger a las personas que apoyan su causa y ellos deben cumplir con un requisito básico: la fidelidad. La fidelidad es la piedra angular del carácter. ¿Recuerda a los dos empleados? El primero estaba ausente a menudo y siempre llegaba tarde. El segundo era menos talentoso, pero fielmente cumplidor. Puede encomendarle proyectos mayores al segundo, no al primero, porque puede encomendarle al carácter, pero no al talento.

La transposición es el error común de la vida. Transponemos las teclas en el teclado. También transponemos talento y carácter. Comprometemos al talentoso en lugar de al fiel, para nuestro propio perjuicio.

Los tres ingredientes que comprenden la fidelidad son: constancia, lealtad y sumisión. La constancia significa nunca variar, siempre ser firme. Leales son aquellos que demuestran firmemente su adhesión, los que nunca revelarían una confidencia y son rápidos para representar la causa. Las excepciones son aquellos que son leales solo a su propia agenda. La sumisión simplemente es la buena gana de sujetarse a otro.

Para atraer personal con carácter, sea un líder con carácter. Recuerde, usted cosecha lo que siembra. También hay un principio que dice: *"Las características del reino emanan del carácter del rey"*. Lo que está dentro de su propio corazón se evidenciará en su negocio y en su familia.

Una casa editora en California es conocida por ocuparse de las personas que hacen negocios con ellos, desde autores famosos hasta los correctores independientes. Cuando un miembro del personal dice que devolverá la llamada, devuelve la llamada. Su cortesía y su trato profesional reflejan bien el carácter del dueño y les da una idea de su corazón a los visitantes. De ninguna manera una compañía así puede ser producto de un propietario egoísta y avaro.

El personal siempre es el problema y el personal siempre es la solución. Encontrar y entrenar a las personas es una tarea de toda la vida si piensa tener éxito. El patrón básico para la dirección es: *gánelos, entrénelos, envíelos*. Es lo mismo en los deportes, en el servicio al cliente, en los restaurantes, y es lo mismo para los padres. La estrategia de Disneyland es entrenar a los nuevos contratados en el área del estacionamiento durante varios días antes de destinarlos a sus puestos, porque son el primer grupo de empleados con los que el público trata. Ser empleado en Disneyland parecería ser el trabajo más fácil, sin embargo, reciben uno de los mejores entrenamientos.

Al entrenar, recuerde que las personas no hacen lo que usted espera, sino lo que usted inspecciona. Puede diseñar el mejor proyecto, pero si nunca verifica el trabajo que se está haciendo, quizás nunca cumplan con su plan. Entrene a las personas, deles responsabilidad, y haga que rindan cuenta de ello.

Responsabilidad sin rendición de cuentas es un error. No puede pedirle cuentas a alguien si primero no le ha dado la responsabilidad.

El empleado desleal es mediocre y quiere autoridad, pero no responsabilidad, porque está deseoso de ser considerado valioso.

VENENO SILENCIOSO

Lo contrario de un empleado fiel no es necesariamente un empleado perezoso o torpe, sino uno sedicioso. La sedición es la desestabilización de la autoridad constituida, con la intención de derrocarla. La sedición está enlistada en la Biblia con pecados como la brujería y el odio, porque es un veneno virulento.

La sedición es un acto de traición castigado por la ley. En los gobiernos, a los que cometen sedición se les trata como traidores, e incluso pueden ser sentenciados a muerte. Es una de las fuerzas menos reconocidas y más destructivas en la naturaleza humana. Los que se comprometen con la sedición causan su propia destrucción. Un proverbio dice: "El que siembra vientos cosechará tempestades".[7] Desgraciadamente, una tempestad arrasa con todo lo que hay a su alrededor.

7. Ver Oseas 8:7.

En el hogar, la sedición se ve cuando el hijo le pide un dólar a la mamá. Ella dice: "Ya has gastado tu dólar esta semana y no puedo darte más". Así que él acude donde su padre y le pide. Esta es la naturaleza humana. Si el padre dice, "Mamá no te dará un dólar, pero yo lo haré", está cometiendo un acto de sedición, minando la autoridad de la madre.

En el trabajo, la sedición es la secretaria a quien apenas se le ha encargado un trabajo, rápidamente manda un correo electrónico a la otra secretaria para decir lo injusto que es y cómo las dos deberían renunciar, para herir al jefe. O el vendedor que está junto a la toma de agua, esperando a las personas para envenenarlas con sus quejas sobre cómo él no puede vender porque la dirección no le da libertad ¡Aprenda a reconocer y eliminar la sedición!

EL TIEMPO CORRECTO

Digamos que usted ha dominado estos principios, ha construido un buen carácter, contratado un magnífico personal, pero todavía no logra despegar. ¿Cuál es el problema? El tiempo.

El éxito viene de ser la persona correcta, en el momento correcto, en el lugar correcto. *Cronometrar el tiempo es el ingrediente esencial del éxito.*

Todo en la vida es estacional. No podemos cambiar las estaciones, solo podemos adaptarnos a ellas. El tiempo es como la fruta: madura. La fruta se pierde si se le recoge demasiado tarde y es amarga si se recoge antes del tiempo previsto para su cosecha.

Henry Ford fabricó automóviles antes de que hubiera caminos para manejarlos. Influyó en las autoridades para acelerar la construcción de carreteras, o no hubiera tenido un producto apto para venderse y utilizarse.

Después de que las personas han tenido un encuentro con la muerte, es un buen tiempo para venderles seguros de vida. Cuando están planeando la boda de su hija no es el mejor momento para venderles un automóvil. Todo es cuestión de escoger el momento adecuado.

La administración de la vida empieza con la administración del tiempo. El tiempo es el gran nivelador porque todas las personas tienen las mismas veinticuatro horas al día. No podemos ahorrar tiempo. Solo podemos usarlo eficazmente. No tenemos una segunda oportunidad para vivir el hoy.

LA NATURALEZA DEL TIEMPO

La naturaleza del tiempo es pasado, presente, futuro. Al principio, todo el tiempo es el futuro. El tiempo viene del futuro y fluye hacia el pasado. Mañana pronto será hoy, luego será ayer. Ese es el orden indestructible del movimiento del tiempo.

La historia humana fluye del pasado al presente, pero el tiempo fluye desde el futuro hacia el pasado. No fluimos con el tiempo. Lo encontramos momento a momento. El tiempo y la humanidad se reúnen en el presente. Eso significa que hoy es el único día que tiene. El pasado es irrecuperable y no hay mañana, porque cuando llega, será hoy.

Aprendemos del pasado para hacer en el presente lo que proveerá para el futuro. El futuro es el reservorio de donde viene la vida. El futuro no se ve, es desconocido, excepto cuando se hace visible en el presente. El presente engloba al futuro; luego, de nuevo, se convierte en pasado. El pasado actúa invisiblemente para influirnos y lanzar luz sobre el presente con referencia al futuro. Debemos "hacer" la mayoría del tiempo.

El tiempo es digno de respeto. Aplazar es no respetar el tiempo. Los que aplazan o posponen viven bajo una tensión autoinducida y a merced de aquellos que respetan el tiempo. Desperdiciar el tiempo es también no respetarlo. *No toda demanda merece nuestro tiempo, así como no toda palabra hablada merece ser escuchada.*

Recuerdo una historia de Winston Churchill en que le exigía a un subordinado presentar un informe. La primera vez que el joven entregó su informe, Churchill se entrevistó con él y le dijo que el informe había sido rechazado. La segunda vez, lo rechazó de nuevo. La tercera vez, de pie frente al escritorio de Churchill y mientras se limpiaba la transpiración de la frente, el joven empleado le dijo: "Lo siento, Señor, pero no creo que pueda hacerlo mejor que esto".

"De acuerdo", dijo Churchill, "esta vez lo leeré".

Debemos disciplinarnos en respetar nuestro propio tiempo. Organizarse es mostrar respeto. Organizar el tiempo muestra respeto por el tiempo. Las personas que no organizan sus vidas personales, familiares o profesionales muestran falta de respeto por sus propias vidas y por aquellos con quienes se relacionan.

Organizarse trae paz, mientras que la desorganización trae conflicto, discordia y falta de armonía. Las sinfonías comprenden notas y sonidos organizados en arreglos para crear armonía. La armonía comprende sonidos ejecutados con respeto, unos por otros, por personas que son respetuosas unas de otras. Los músicos que tocan en una orquesta muestran respeto por la música, las personas, y se hacen el propósito de someterse unos a otros en el uso del tiempo y el talento. La armonía en la familia, los negocios y dentro de uno mismo, es tan dulce como una sinfonía melodiosa.

Nunca "encontramos tiempo", sino que debemos "separar el tiempo" para lo que es importante. Nuevamente, fue A. R. Bernard quién dijo: "Nosotros ahogamos la creatividad empleando demasiado tiempo en el mantenimiento". Concentrarse en el mantenimiento en lugar de dirigirse a su competidor creativamente, causará la pérdida de su lugar en el mercado.

El éxito no se basa en la habilidad de decir que sí, sino en la habilidad de decir que no. Resistir lo raro, ilegítimo e innecesario, permite la ocupación en lo productivo, positivo y vital.

Cuando el tiempo existe es para siempre, pero llega a nosotros de su fuente en el futuro: el próximo siglo, década, año, mes, semana, día, y luego es hoy. *Hoy tiene en sí la posibilidad del eterno bien, dependiendo de cómo usted lo use.*

Ambos, el dinero y el tiempo, son medios para lograr un fin; no son un fin en sí mismos. Son recursos, no metas. A menudo toma una combinación de tiempo y dinero para alcanzar nuestras metas. Todo lo que realmente tenemos es el hoy. La promesa de mañana quizá nunca pueda cumplirse.

SUPERAR LAS BARRERAS

El mañana nunca ha visto un fracaso. Cualquier fracaso de hoy pronto será ayer, y el estiércol de ayer es el fertilizante de mañana.

Og Mandino escribió que las crisis, los retrocesos y los fracasos ocasionales nos ocurren a todos, pero no pueden herirnos por sí solos. Los problemas activan lo peor en usted y revelan lo mejor en usted. La diferencia entre las personas que fracasan y las que tienen éxito está en cómo enfrentan la presión de la adversidad.

El Coronel Sanders, fundador de *Kentucky Fried Chicken*, durmió en el asiento posterior de su automóvil cuando manejó a centenares de restaurantes buscando uno que probara su receta para pollo. Con cada "no", se acercaba más al restaurante que diría "sí".

El fracaso es la madre del éxito. El éxito nace del fracaso. Las personas exitosas como el Coronel Sanders no le temen al fracaso, porque cada fracaso las acerca más al éxito. *Los exitosos no viven con el fracaso. Lo entierran.*

El miedo al fracaso es la única manera segura de vivir con él. Como la viuda que no disponía de las cosas de su marido, usted no puede permitirse el lujo de vivir con la muerte. No cargue los errores pasados como si fueran un cadáver. Mientras hable de ellos, vivirán.

Delante de cada promesa hay un problema. Si solo mira el problema, perderá de vista la promesa. John Maxwell dice: "Los ganadores miran a dónde van, los perdedores miran lo que están pasando". Todos tenemos que soportar muchas cosas, pero ser capaz de superarlo es la diferencia entre los que logran la excelencia y los que se revuelcan en el pantano de la mediocridad.

El gran defensa de línea, Reggie White, estaba en un equipo universitario de fútbol americano que se encontraba en el nonagésimo puesto de la liga, debido a la defensa que poseía. Era una vergüenza. Tenía el compromiso de ser un gran jugador defensivo, pero el problema era que tenía una pésima escuadra defensiva. Lo que hizo al respecto fue simplemente ir al gimnasio y entrenar fuerte. No condenó a los otros tipos, sino que levantó su propio nivel de juego. Después de que mejoró, sus compañeros de equipo empezaron a acudir al gimnasio también, y subieron del nonagésimo lugar al noveno en una temporada.

Para mejorar su vida, trabaje en usted. No logra nada con quejarse de otros. A las personas les gusta quejarse y buscar la culpa en otros por sentirse insatisfechos, infelices, descontentos y ansiosos: sus cónyuges, los niños, los patrones, los empleados, el entrenador, los aprendices, el reclutador, los reclutas, etc. ¿Qué de bueno se saca con todo eso? Nada.

Recientemente, en una reunión, compartí con personas que habían estado en la quiebra, eran cansados chóferes de autobús, ejecutivos con trabajo en exceso enfrentando una crisis, y todos ellos ahora eran millonarios. ¿Ha tenido fracasos? ¡Bien, usted califica para tener éxito! Un hombre vino a mí un día todo aturdido y quejoso: "Perdí un millón de dólares".

"¡Que bueno!", le dije, "¡entonces sabe hacer un millón! ¡Salga y hágalo de nuevo!"

El éxito es el más grande antídoto del fracaso. ¡Si usted quiere superar su fracaso, tenga éxito! Pero si desea quejarse de su fracaso y buscar a otros para culparlos, vivirá con ese fracaso para toda la vida. *La madurez no viene con la edad, sino comienza con la aceptación de la responsabilidad.* Se construye responsabilidad para el éxito al ser responsable por el fracaso. Generalmente la persona que tiene miedo a fracasar tampoco puede manejar el éxito.

Todo éxito nace del fracaso. Si nunca se rinde, no puede fallar. El fracaso no es la peor cosa del mundo para aquellos que nunca se rinden. *¡Quédese hasta ganar!*

PALABRAS FINALES

Siempre recuerde levantar su negocio antes de elevar su propio sueldo, cuenta de banco o posesiones personales. Las ganancias establecen dónde está el corazón. Es fácil poner su corazón en algo que le proporcionará sustento, cuidado a su familia y algo en qué invertir.

El trabajar con tesón trae prosperidad, entretenerse trae pobreza. Siempre podrá distinguir al administrador o al dueño por la forma en que escoge, guarda, endereza o acomoda las cosas que están a la vista del público. Ellos ven lo que el empleado contratado no puede ver, y por eso son los jefes. *Haga el trabajo del jefe y un día será jefe.*

Y sin tener en cuenta lo que venga en su camino, recuerde que, sobre las nubes, siempre brilla el sol. Siga avanzando, las nubes se habrán ido pronto. ¡El sol está brillando para usted!

- La fama puede llegar en un momento, pero la grandeza viene con los años.
- Los consejeros determinan el destino de los reyes.
- Tener tiempo para escuchar muestra respeto por otros. Escuchar a personas necias muestra una falta de respeto por nosotros mismos.
- Más vale un pobre y sabio joven, que un viejo y necio rey que ya no sabe recibir consejo.
- La comunicación es la base para las relaciones.
- Si no nos comunicamos, no podemos relacionarnos.
- Escuchar es el arte básico de la comunicación.
- No tiene éxito en la vida por su habilidad para hablar, sino por su habilidad para escuchar.
- Las tres áreas comunes de problemas entre esposos son: comunicación, sexo y dinero.
- La comunicación confiable permite el progreso.

- Las relaciones preceden al éxito.
- No permita que su lugar de trabajo se convierta en su escondite.
- Nunca nadie ha dicho en su lecho de muerte que su único pesar fue no haber empleado más tiempo en la oficina.
- La influencia es una de las mercancías más preciosas en la vida.
- La fidelidad es la piedra angular del carácter.
- Puede comprometer al carácter, no al talento.
- Las características del reino emanan del carácter del rey.
- El personal siempre es el problema, y el personal siempre es la solución.
- El modelo básico para dirigir personas es ganarlas, entrenarlas y enviarlas.
- Las personas no hacen lo que usted espera, sino lo que usted inspecciona.
- No puede solicitar rendición de cuentas a alguien si no le ha dado la responsabilidad.
- El éxito viene de ser la persona correcta, en el momento correcto, en el lugar correcto.
- Cronometrar el tiempo es el ingrediente esencial en el éxito.

- No podemos cambiar las estaciones, solo podemos adaptarnos.
- La administración de la vida empieza con la administración del tiempo.
- El tiempo es el gran nivelador, porque todos tenemos las mismas veinticuatro horas al día.
- Hoy es el único día que usted tiene.
- Aplazar o perder el tiempo es descartarlo. Organizar el tiempo muestra respeto por él.
- No toda demanda es digna de nuestro tiempo, así como no toda palabra hablada es digna de ser oída.
- Nunca "encontramos tiempo", sino que debemos "separar el tiempo" para lo que es importante.
- Ahogamos la creatividad pasando demasiado tiempo en el mantenimiento.
- El éxito no se basa en la habilidad de decir sí, sino en la habilidad de decir no.
- El hoy tiene la posibilidad de eterno bien, dependiendo de cómo lo emplea.
- El estiércol de ayer es el fertilizante de mañana.
- Solo los inferiores están en lo mejor de sí mismos.
- Los problemas activan lo peor en usted, y revelan lo mejor en usted.

- A menudo, la diferencia entre las personas que fallan y aquellas que tienen éxito está en cómo enfrentan la presión de la adversidad.
- El fracaso es la madre del éxito.
- El miedo al fracaso es la única manera segura de vivir con él.
- Delante de cada promesa hay un problema. Si solo mira el problema, perderá de vista la promesa.
- Los ganadores miran a dónde van, los perdedores miran lo que están pasando.
- El éxito es el más grande antídoto del fracaso. ¡Si quiere superar el fracaso, tenga éxito!
- La madurez no viene con la edad, sino con la aceptación de la responsabilidad.
- Se construye responsabilidad para el éxito al ser responsable para el fracaso.
- Todo éxito nace del fracaso.
- Si nunca se rinde, no puede fallar.
- El fracaso no es la peor cosa del mundo, rendirse lo es.
- Campeones no son aquellos que nunca fallan, sino aquellos que nunca se rinden.
- ¡Quédese hasta ganar!

- El trabajar con tesón trae prosperidad, entretenerse trae pobreza.
- Sobre las nubes siempre brilla el sol.
- ¡El sol está brillando para usted!

EPÍLOGO

Este epílogo es gratis. El costo del libro no incluyó esta página, así que leerla es completamente opcional.

La única razón para un epílogo es que no puedo, por conciencia, dar a los lectores la impresión de que el material en este libro es propio. Mi mente no es la mente que concibió estos patrones y principios, ni los descubrí solo sin ayuda.

Los patrones y principios fueron puestos en movimiento desde el principio del universo por un Dios Creador. Estos Son Suyos. Lo único que pueden hacer las personas es descubrirlos y reconocerlos, ignorarlos o pervertirlos. Principios pervertidos guían a una vida pervertida. Vivir por principios da lugar a que las personas prosperen, las familias florezcan y las naciones se levanten.

Las normas supremas de conducta humana y reglas para la conducta se encuentran en las palabras del Dios Creador, *la Santa Biblia*. Esto es más que una opinión, es una creencia personal en la que he basado setenta y pico años de vida y la futura eternidad. Usted es libre de formar su propia opinión. Simplemente soy más viejo que usted, por lo que le doy el beneficio de mis años.

El manual más grande del mundo para aprender los elementos esenciales de la economía no es un libro de texto, sino la *Biblia*.

Hoy somos libres para escoger la manera en que vivimos porque fuimos dotados de libre elección durante la creación. Nuestra libertad de escoger es la única verdadera libertad que tenemos. Podemos, incluso, escoger ignorar este poder y vivir como si nosotros no tuviéramos ninguna opinión.

La más grande elección que una persona hará en este mundo es lo que hará cuando lo deje. Eclesiastés 7:4 (NTV) dice: "*El que es sabio piensa mucho en la muerte, mientras que el necio solo piensa en divertirse*".

El principio es, "primero la intención y después la ejecución". Cuando nosotros planeamos un evento de ventas, el fin ulterior es tener clientes, así que debemos planear lo que queremos hacer con esos clientes para poder determinar el tipo de evento y cómo dirigirlo. De la misma manera, cuando planeamos nuestras vidas, debemos mirar lo que queremos después de que la vida haya terminado, para poder determinar la vida que escogemos y cómo la dirigimos.

Yo creo que los buenos patrones y principios legítimos de la Biblia nos llevan a realizar las elecciones correctas. Si nunca ha leído una *Biblia,* le animo a que invierta en una hoy. Léala, luego aprenda a vivir según su *Biblia.*

ACERCA DEL AUTOR

Edwin Louis Cole fue mentor de cientos de miles de personas a través de eventos desafiantes y libros poderosos que se han convertido en los recursos de hombres cristianos más utilizados en el mundo. Es conocido por declaraciones concisas y un estilo de confrontación que exige responsabilidad social y liderazgo familiar.

Después de servir como pastor, evangelista y pionero de la televisión cristiana, y en una edad en la que la mayoría de los hombres se jubilaban, siguió su mayor pasión: guiar a los hombres a la semejanza de Cristo, lo que él llamó "hombría verdadera" y "hombría al máximo".

Ed Cole era un hombre de verdad. Un hijo amoroso para los padres terrenales y el Padre Celestial. Esposo devoto de la "dama más hermosa del país", Nancy Corbett Cole. Padre dedicado de tres y, a lo largo de los años, un caballero que aceptó el papel de padre de miles. Un lector, un pensador, un visionario. Un hombre que cometió errores, aprendió lecciones y luego compartió la riqueza de su sabiduría con hombres de todo el mundo.

La Red de Hombres Cristianos, que fundó en 1977, sigue siendo un ministerio vibrante y global. Indiscutiblemente, fue el ministro de hombres más grande de su generación.